WILHELM ABEL

Massenarmut und Hungerkrisen im vorindustriellen Deutschland

3. Auflage

V&R

VANDENHOECK & RUPRECHT
IN GÖTTINGEN

Wilhelm Abel

1904–1985, Dr. rer. pol., Dr. agr. h. c., war von 1949 bis zu seiner Emeritierung 1972 o. Professor, zuletzt für Wirtschafts- und Sozialgeschichte, an der Universität Göttingen. Veröffentlichungen u. a.: Agrarkrisen und Agrarkonjunktur. Eine Geschichte der Land- und Ernährungswirtschaft Mitteleuropas seit dem hohen Mittelalter (1935, 3. Aufl. 1978); Die Wüstungen des ausgehenden Mittelalters (1943, 3. Aufl. 1976); Agrarpolitik (1951, 3. Aufl. 1967); Geschichte der deutschen Landwirtschaft vom frühen Mittelalter bis zum 19. Jahrhundert (1962, 3. Aufl. 1978); Massenarmut und Hungerkrisen im vorindustriellen Europa. Versuch einer Synopsis (1974); Strukturen und Krisen der spätmittelalterlichen Wirtschaft (1980); Stufen der Ernährung. Eine historische Skizze (1981).

CIP-Kurztitelaufnahme der Deutschen Bibliothek

Abel, Wilhelm:
Massenarmut und Hungerkrisen
im vorindustriellen Deutschland /
Wilhelm Abel. – 3. Aufl. – Göttingen :
Vandenhoeck und Ruprecht, 1986.
(Kleine Vandenhoeck-Reihe ; 1352)
ISBN 3-525-33321-8
NE: GT

3. Auflage 1986

Kleine Vandenhoeck-Reihe 1352

© Vandenhoeck & Ruprecht. Göttingen 1972. – Umschlag: Hans Dieter Ullrich – Printed in Germany – Alle Rechte vorbehalten. Ohne ausdrückliche Genehmigung des Verlages ist es nicht gestattet, das Buch oder Teile daraus auf foto- oder akustomechanischem Wege zu vervielfältigen.
Gesamtherstellung: Hubert & Co., Göttingen

INHALT

Einführung 5

I. Armut im Vormärz 7

II. Die Entstehung der Not
 1. Der Reallohnfall zu Beginn der Neuzeit 16
 2. Ein Zwischenakt 29
 3. Die Teuerung am Ende des 18. Jahrhunderts 31

III. Hungerkrisen
 1. Der Wechsel der Ernten und seine Wirkungen in der vorindustriellen Wirtschaft 35
 2. Eine Krisis des 16. Jahrhunderts (1571/74) 37
 3. Eine Krisis des 18. Jahrhunderts (1771/72) 46
 4. Die letzten Krisen vom "type ancien" 54
 5. Von der Teuerungsliteratur zu den Schriften über den Pauperismus 58

IV. Der Prozeß der Verarmung
 1. Klassische Theorien als Wegweiser in die Geschichte . . 61
 2. Die Entwicklung der Lohneinkommen seit dem Spätmittelalter 62
 3. Die Verschlechterung der Nahrung im vorindustriellen Zeitalter 64
 4. Der Wandel in der Richtung der landwirtschaftlichen Erzeugung 65
 5. Die Verknappung der Roh- und Werkstoffe 67

V. Die Überwindung der Not 69

Anmerkungen 77

EINFÜHRUNG

Das Büchlein ist dem Versuch gewidmet, einige Vorstellungen zu revidieren, die unser Geschichtsverständnis belasten. Es geht gegen die weit verbreitete Meinung an, daß die Armut im Vormärz, der sog. Pauperismus, durch das aufkommende Maschinenwesen verursacht worden sei. Es möchte eine Korrektur dem Bilde einfügen, das sich aufdrängt, wenn an die Weberaufstände in Schlesien oder das Spinnerelend in Westfalen gedacht wird oder auch einige neuere sozialgeschichtliche Schriften durchblättert werden. Da liest man z.B., daß "unter Pauperismus im Sinne der neueren Sozialgeschichte . . . die Verelendung breiter städtischer und ländlicher Bevölkerungsschichten in den Anfängen des modernen Industriekapitalismus zu verstehen" sei[1].

Nicht viel anders deutete schon Friedrich Engels die Not, die er in England vorfand[2]. Dem Elend in den Fabriken, das er mit vielen Beispielen belegte, stellte er die Weberfamilien von ehedem gegenüber, als es noch keine Dampf-, Spinn- und Webmaschinen gab. Sie lebten, so meinte er, meist auf dem Lande; Frau und Tochter spannen das Garn, das der Mann verwebte oder verkaufte. Sie konnten mit ihrem Lohn ganz gut auskommen. Auch war "der Weber meist imstande, etwas zurückzulegen und sich ein kleines Grundstück zu pachten, das er in seinen Mußestunden – und deren hatte er so viele als er wollte, da er weben konnte, wann und wie lange er Lust verspürte – bearbeitete".

Es seien auch noch die folgenden Sätze Engels zitiert, da sie noch immer unsere Vorstellungen von der Welt, wie sie vor der Einführung der Maschinen beschaffen war, weithin beherrschen. Es heißt da: "Auf diese Weise vegetierten die Arbeiter in einer ganz behaglichen Existenz und führten ein rechtschaffenes und geruhiges Leben in aller Gottseligkeit und Ehrbarkeit, ihre materielle Stellung war bei weitem besser als die ihrer Nachfolger; sie brauchten sich nicht zu überarbeiten, sie machten nicht mehr als sie Lust hatten und verdienten doch was sie brauchten, sie hatten Muße für gesunde Arbeit in ihrem Garten oder Felde, eine Arbeit, die ihnen selbst schon Erholung war, und konnten außerdem noch an den Erholungen und Spielen ihrer Nachbarn teilnehmen; und alle diese Spiele, Kegel, Ballspiel usw. trugen zur

Erhaltung der Gesundheit und zur Kräftigung ihres Körpers bei. Sie waren meist starke wohlgebaute Leute, in deren Körperbildung wenig oder gar kein Unterschied von ihren bäurischen Nachbarn zu entdecken war. Ihre Kinder wuchsen in der freien Landluft auf, und wenn sie ihren Eltern bei der Arbeit helfen konnten, so kam dies doch nur dann und wann vor, und von einer acht- oder zwölfstündigen täglichen Arbeitszeit war keine Rede".

Aber diese "heile Welt" von ehedem, diese "vorindustrielle Harmonie zwischen Stadt und Land"[3], die der Welt der Maschinen und Fabriken gegenübergestellt wurde, war überzeichnet. Es fehlen in dem Bild die Krisen, die auch die vorindustrielle Welt erschütterten: es fehlt der Hunger, der in kürzeren Intervallen und in langsam sich verschärfender Not die Menschen bedrängte.

Davon soll im folgenden berichtet werden. Das Material liefert zumeist die historische Statistik, und insoweit Zahlen die Ausführungen stützen, mag das Büchlein auch als Beitrag zur sog. quantitativen oder "neuen" Wirtschaftsgeschichte dienen (die so ganz neu aber gar nicht ist). Nun sind zwar Zahlen nicht jedermanns Sache, zumal dann nicht, wenn sie in langen Kolonnen daherkommen, doch läßt sich vielleicht auch Statistik noch leidlich ertragen, wenn sie in der Form von Bildern präsentiert wird. Das geschieht auf den folgenden Seiten, und um die Lektüre noch weiter zu erleichtern, wurden auch farbige Schilderungen noch eingestreut, wie sie sich reichlich bei den Zeitgenossen finden[4].

I. ARMUT IM VORMÄRZ

Um die Not zu schildern, muß die Zeit genauer bezeichnet werden, auf die sich die Schilderung bezieht. Aber so unerläßlich dies erscheint, so schwierig und gefährlich ist dies auch, wenn nicht zugleich die Umstände mitbestimmt werden sollen, die zu der Armut führten. Solches taten Friedrich Engels und seine Nachfolger, die die Not der arbeitenden Klassen im Zusammenhang mit den aufkommenden Industrien zeichneten. Wenn, wie es hier geschehen soll, die Not, die in den Hungerrevolten der 40er Jahre des 19. Jahrhunderts gipfelte, als eine langsam sich verschärfende Armut begriffen wird, müssen die Anfänge zunächst dahingestellt bleiben. Sie werden in anderem Zusammenhang — im Zusammenhang der Ursachen — erörtert werden; hier mag es genügen, ihre *räumliche* und *soziale* Reichweite in Umrissen zu beschreiben.

Es soll zunächst ein Zeitgenosse zu Wort kommen, Bruno Hildebrand, der damals Professor der Staatswissenschaften in Marburg war. Er hatte das soeben herausgekommene Buch von Friedrich Engels über die Not der arbeitenden Klassen in England gelesen und widersprach ihm auf das schärfste[5]. In Deutschland, so meinte er, sei die Not dort am größten, wo es keine Industrien gäbe, z.B. in seiner eigenen kurhessischen Provinz Oberhessen. "Sie besitzt nichts von alledem, was gewöhnlich zu den Ursachen des Pauperismus und des Proletariats gerechnet wird. Sie kennt keine Fabriken und Fabrikarbeiter, keine Spinn—, Dampf— und andere Maschinen, keine Gewerbefreiheit und unbeschränkte Konkurrenz der einzelnen, sondern in alter patriarchalischer Form herrscht hier neben dem Ackerbau noch der alte Handwerksbetrieb, welcher Gesellen und Lehrlinge zu Familienmitgliedern der Meister macht. Es herrschen noch Zünfte, wenn auch nicht geschlossen, aber doch privilegiert für ihren bestimmten Arbeitszweig. Dabei ist diese Gegend (Oberhessen) nicht etwa von der Natur vernachlässigt ... , nicht eingeschlossen durch enge Zollschranken, nicht mit Steuern überlastet ... kurz ohne irgendeine besondere Eigenschaft, welche Ursache einer speziellen Verarmung sein könnte."

In dieser Provinz Oberhessen mit Marburg und einigen anderen Städtchen, rund 75 v.H. Landbevölkerung, 25 v.H. Stadtbevölkerung, übertraf nur in vier Gewerben die Zahl der Gesellen die der steuerpflichtigen Meister. In sieben anderen Gewerben kam auf zwei Meister nur je ein Geselle, und im großen Rest herrschte der Alleinmeister vor. Da nun aber — so Hildebrand — ein Meister, der ohne alle Gehilfen arbeitete, eigentlich nur eine besondere Art von Tagelöhner sei, müsse "die bei weitem größere Zahl der Handwerksmeister als Proletarier" angesprochen werden. Das ist ein hartes Wort, aber Hildebrand brachte Belege. Ein Schuhmacher- oder Schneidermeister verdiente um das Jahr 1840 in Oberhessen etwa 100 Reichstaler im Jahr. Davon ging ein rundes Drittel für Wohnung, Holz, Licht, Kleidung, Wäsche und einige andere Bedürfnisse ab, so daß für die tägliche Kost der Familie nur 5 1/3 Silbergroschen zurückblieben. Für diese 5 1/3 Silbergroschen konnte man nach den von der Polizei in Hessen festgesetzten Brot- und Fleischtaxen entweder 3,4 kg gewöhnliches Roggenbrot oder 0,8 kg Fleisch (Ochsenfleisch, Schweinefleisch oder Hammelfleisch) kaufen. Davon sollten Mann, Frau und vielleicht noch Kinder leben.

Das glückte selbst in guten Jahren nicht immer. Fiel nun gar eine Teuerung ein, wie im Winter 1846/47, so erreichte "die Not eine Höhe, die in den Schilderungen der irischen Armut Epoche machen würde. In Marburg wurden in diesem Winter zweimal bei 10 Grad Kälte Kinder auf der Straße geboren... In Schmalkalden, Schlüchtern, Fulda und Hünfeld schlug man die Zahl der völlig Verarmten auf ein Drittel der ganzen Bevölkerung an. In Hünfeld wurden die Armen von den Behörden zu völligen Bettlerzügen organisiert, welche täglich nach einem festgesetzten Turnus durch regelmäßige Umzüge in den einzelnen Stadtteilen und den angrenzenden Dörfern ihre Almosen zusammenbettelten."

Soweit Bruno Hildebrand, der zu zeigen versuchte, daß die Not in den rein agrarischen Bezirken Deutschlands noch größer war als in den industriellen und in Deutschland insgesamt noch größer als in England. Seine Nachrichten aus England waren noch dürftig. Die neuere preis- und lohngeschichtliche Forschung hat ein weit umfänglicheres Material bereitgestellt, das mit größerer Sicherheit einen internationalen Lohnvergleich trägt. Wie das Bild auf Seite 9

8

zeigt, wurde auf den Tagelohn eines Maurer- oder Zimmergesellen zurückgegriffen, der sich am besten für einen internationalen (und intertemporalen) Lohnvergleich eignet, da der Lohn dieser Arbeitergruppe am besten belegt ist und die Art der Arbeit zwischen den Orten und zwischen den Zeiten nur wenig voneinander abwich. Das Bild enthält jeweils zwei Säulen, links den Tagelohn in Gramm Silber, recht die Kaufkraft dieses Lohnes gegenüber dem Brotgetreide. England wurde gleich 100 gesetzt. Man sieht, daß der englische Lohn an der Spitze der in dem Bild aufgezeichneten Löhne stand. Er übertraf die Löhne der gleichen Arbeitergruppe in Frankreich und in Deutschland, und zwar sowohl in Gramm Silber als auch in Kilogramm Brotgetreide[6].

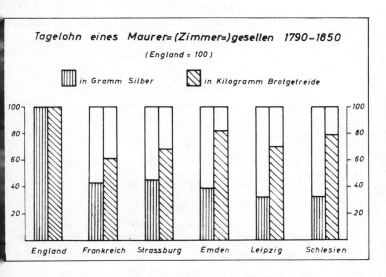

Natürlich gab es auch in Deutschland Zonen größerer und geringerer Not. Eine Landkarte des Elends kann noch nicht gezeichnet werden, da es an den nötigen Vorarbeiten (auch solchen methodischer Art) noch fehlt, doch kann man sich des Eindrucks nicht erwehren, daß Bruno Hildebrands Schilderung der Verhältnisse in Oberhessen mit geringen Variationen für weite Teile der deutschen Länder zutraf. Ein Zeitgenosse, der Beispiele "entsetzlicher Armuth" aus Württemberg, Hessen und Baden brachte, meinte, "daß wenigstens ein gutes Dritteil der Gemeinden Deutschlands sich mehr oder weniger in dieser Lage befinde"[7]. Vielleicht untertrieb er noch, da er die östlichen Teile der preußischen Monarchie zu wenig beachtete. Wie es dort ausschaute, vermochte die noch junge Bevölkerungsstatistik zu zeigen. Wie die nachstehende Tabelle ausweist, lag die Geburtenziffer in den östlichen Provinzen des preußischen Staates (Preußen, Posen) über dem Stand der mittleren und westlichen Provinzen, doch war der Geburtenüberschuß geringer, weil auch die Sterbefälle häufiger waren, und dies selbst dann, wenn die besonders hohe Kindersterblichkeit abgezogen wird.

Geburten und Sterbefälle im Durchschnitt der Jahre 1822 - 1837 in Preußen

Landesteil	Geburten	Sterbefälle	Geburtenüberschuß	Sterbefälle nach Abzug der vor Vollendung des 1. Lebensjahres Gestorbenen
	je 1000 der Bevölkerung			
Östliche Provinzen (Preußen, Posen)	43,4	34,3	9,1	25,6
Mittlere Provinzen (Brandenburg, Pommern, Schlesien, Sachsen)	40,2	29,4	10,8	20,3
Westliche Provinzen (Westfalen, Rheinprovinz)	36,9	26,4	10,5	20,0

Sucht man nach einem Kommentar zu dieser Tabelle, so bietet sich das gewiß sachverständige Urteil des Königsberger Professors F.W. Schubert an. Er berichtet aus der Provinz Preußen, wo noch "die Bevölkerung des platten Landes fast ausschließlich vom Ackerbau und den dabei vorkommenden Hilfsarbeiten" lebte, daß ohne Übertreibung ein Drittel der gesamten ländlichen Bevölkerung nur auf die Kartoffel angewiesen sei: "Sie hat auf Brot als gewöhnliche Tagesnahrung verzichtet"[8].

Die östlichen Provinzen Preußens lagen fern von den Fabriken, die im Westen aufkamen. Die Not dieser rein agrarischen Gebiete muß auf einer anderen Ebene als der des "Industriekapitalismus" gesucht werden, und ähnliches ergibt sich zwingend, wenn auf die Schichten der Bevölkerung gesehen wird, die Not und Hunger litten. Das waren nicht nur die Spinner und Weber, die von der englischen Konkurrenz bedroht oder von hartherzigen Fabrikanten ausgebeutet wurden, sondern auch die Kleinbauern in den Mittelgebirgen und in den westdeutschen Realteilungsgebieten, die Tagelöhner auf dem Lande und in den Städten, die Arbeiter, unteren Beamten und nicht zuletzt die Masse der Handwerker. Die Zeitgenossen hatten noch nicht die Möglichkeit, eine Steuerstatistik auszuwerten. Um die Lage des Handwerks darzustellen, begnügten sie sich mit der Zahl der Beschäftigten je Betrieb oder je Meister, wobei als Regel galt, daß ein Handwerker "erst mit zwei Gesellen und einem Lehrling imstande ist, etwas zu erübrigen und einigen, wenn auch noch geringen Wohlstand zu begründen"[9]. Für das Jahr 1834 liegen Zahlen vor, aus denen zu entnehmen ist, daß die insgesamt im preußischen Staat in diesem Jahr im Handwerk beschäftigten 380 000 Personen (ohne mithelfende Frauen und Kinder) sich aus rund 214 000 Meistern, 159 000 Gehilfen (Gesellen und Lehrlingen) und etwa 6 500 "Flickarbeitern" zusammensetzten. Auf 100 Meister entfielen mithin im Durchschnitt aller Gewerbe in Preußen 77 Hilfskräfte, wobei nur die Maurer und die Zimmerleute den Durchschnitt wesentlich übertrafen.

Arg vernachlässigt wurden von der bisherigen Forschung, die mit Vorrang nach den Fabrikarbeitern Ausschau hielt, die kleinen Angestellten und Beamten der Organisationen und Behörden. Ganz unten in der Einkommenspyramide der Verwaltung standen die Kopisten oder "Aktenhelfer", deren es vieler bedurfte in dem schreibfreudigen Jahrhundert. Ein Kopist einer preußischen Kriegs- und Domänenkammer erhielt um 1800 ein Jahresgehalt von 50 Talern. Es ist ein Rätsel, wie er damit auskommen konnte (vgl. auch weiter unten S. 14). Ein Steueraufseher erhielt in Preußen um das Jahr 1840, als die Gehälter schon ein wenig gestiegen waren, zwischen 240 und 300 Taler. Ein Postbeamter empfing im ersten Jahr seiner Beschäftigung nichts, dann in der Regel freie Station und etwa 5 – 6 Taler monatlich. Nach vierjähriger Dienstzeit wurde ein Examen verlangt, nach dessen Bestehen er mit 300 Talern jährlich in kleineren, mit 350 Talern in größeren Städten fest angestellt werden konnte. Nach dem 10. Dienstjahr oder dem 29. Lebensjahr war eine Gehaltszulage um 40 Taler, nach dem 20. Dienstjahr oder dem 39. Lebensjahr eine solche um 100 Taler fällig. Hierzu der Kommentar eines Zeitgenossen: "Will man sich noch im 39. Lebensjahr (denn vorher ging es nicht) verheiraten, so ist man gezwungen, sich aufs neue den empfindlichsten Entbehrungen zu unterziehen, die sich mit dem Anwachsen der Familie zur augenscheinlichsten Not steigern, denn nun wird der Gehaltsstillstand immer länger." Dem stand eine Dienstzeit von 11 1/2 Dienststunden gegenüber, so verteilt, daß einem Beamten "von 4 Uhr morgens bis 10 Uhr abends nicht eine Stunde zusammenhängend zur Erholung verbleibt"[10]. Nicht besser schaute es in anderen Behörden, noch schlimmer im Schulwesen aus. Ein preußischer Schulmeister erhielt Ende der 30er Jahre des 19. Jahrhunderts 100–200 Taler jährlich, obwohl nicht wenige Zeitgenossen meinten, daß allein zur Behebung der "drückendsten Nahrungssorgen" die Gehälter auf 200–300 Taler angehoben werden müßten.

Man versteht danach wohl, was Wilhelm Heinrich Riehl in einem seiner weniger bekannten Aufsätze über den "vierten Stand" schrieb[11]: "Die Proletarier der Geistesarbeit sind in Deutschland die eigentliche ecclesia militans des vierten Standes. Sie bilden die große Heersäule der Gesellschaftsschicht, welche offen und selbstbewußt mit der bisher überlieferten sozialen Gliederung gebrochen hat .. Ich fasse auch diese Gruppe des vierten Standes in ihrer ganzen Konsequenz und weitesten Ausdehnung, Beamtenproletariat, Schulmeisterproletariat, perennierende sächsische Predigtamtskandidaten, verhungernde akademische Privatdozenten, Literaten, Journalisten, Künstler aller Art, von den reisenden Virtuosen bis zu den wandernden Kommödianten und den Drehorgelleuten und Bänkelsängern abwärts."

Soviel zur räumlichen und personellen Reichweite der Not. Es sollen nunmehr noch einige Nachrichten vorgeführt werden, die ihre *Größe* verdeutlichen sollen, soweit dies durch Zahlen möglich ist. Dazu können die Haushaltsrechnungen dienen, die in dieser Zeit aus bescheidenen Anfängen heraus entwickelt wurden.

Am Anfang solcher Rechnungen standen im Schrifttum der Zeit einige Mitteilungen, die sich damit begnügten, die Erfahrung und die Phantasie ihrer Leser anzusprechen, wie etwa diese[12]: Zehn

Kreuzer seien heute, wie jedermann wisse, wahrlich ein hoher Lohn für einen Handarbeiter, "und nun denkt euch einen Augenblick an eines solchen glücklichen Handarbeiters Stelle, und sagt mir, ihr, die ihr ein Pferd mit zehn Kreuzern täglich zu unterhalten nicht imstande seyd, wie ihr es anfangen würdet, um damit Frau und Kinder zu nähren und zu kleiden, gesetzt selbst, daß sie nur Salz zu den ewig wiederkehrenden Kartoffeln, drei Pfund Brot nur täglich und etwas Brennholz und im Winter etwas Öl bedürfen!?"

Die nächste Stufe nahmen Rechnungen ein, die schon mehr ins einzelne gingen. Es wurden die "notwendigsten Lebensbedürfnisse" einer Arbeiterfamilie aufgezählt, auch bereits mit Wertangaben versehen, aber immer noch aus der persönlichen Erfahrung heraus geschätzt. Die Summe solcher fiktiven Ausgaben wurde dem Lohn des Familienvaters gegenübergestellt, wobei sich dann regelmäßig ein Defizit ergab. Ernst Engel, damals Statistiker in Dresden, bemerkte spöttisch zu solchen Rechnungen, daß ihre Autoren wohl ein "Schuldenmachen, Betteln und Stehlen" unterstellten, was doch, wie er meinte, den Stempel der Unwahrheit an sich trage[13].

Tatsächlich arbeiteten Frauen und Kinder vielfach mit. Das unterstellte eine dritte Gruppe von Autoren, die von — auch noch geschätzten — "Familieneinnahmen" ausgingen. So unterstellte z.B. eine Rechnung, die für die vier Städte Lübeck, Bremen, Hamburg und Frankfurt am Main aufgemacht wurde, daß die "Einnahmen einer fünfköpfigen Handarbeiterfamilie der geringsten Klasse, unter der Voraussetzung steter Beschäftigung der Frau oder eines anderen Familienmitgliedes", um das Jahr 1845 in Lübeck 140 Taler, in Bremen 155 Taler, in Hamburg 160 Taler und in Frankfurt am Main 185 Taler betrugen, während sich die Ausgaben zwischen 111 Talern (Lübeck) und 168 Talern (Frankfurt am Main) hielten. In solcher Rechnung verschwand das Defizit. Die Einnahmen übertrafen die Ausgaben, doch beruhten auch solche Rechnungen noch auf Voraussetzungen und Schätzungen, die von der Wirklichkeit weit abweichen mochten.

Das meinte auch Ernst Engel, dem als Statistiker die vagen Schätzungen nicht genügten. Er griff auf einige unlängst in Belgien veröffentlichte Schriften zurück, in denen er Aufzeichnungen der Einnahmen und Ausgaben von belgischen Arbeiterfamilien fand. Dabei stellte er fest, daß in der untersten Einkommenskategorie dieser Arbeiterfamilien auf die Ausgaben für Nahrungsmittel 70,9 v.H. der Einnahmen, in der obersten Einkommenskategorie nur 62,4 v.H. entfielen. Daraus leitete er, wie er selbst sagte, "auf dem Wege echter Induction" den Satz ab, der als Engelsches Gesetz in die Wirtschaftswissenschaften einging: "Je ärmer eine Familie ist, ein desto größerer Anteil von der Gesamtausgabe muß zur Beschaffung der Nahrung aufgewendet werden"[14].

Mit diesem Satz in der Hand läßt sich Wohlstand und Armut nicht nur in einer Zeit, sondern auch zwischen den Zeiten vergleichen. Das nachstehende Bild enthält den Versuch eines solchen intertemporalen Vergleiches. Gewählt wurde für die Zeit um 1800 der Haushalt eines Berliner Maurergesellen, der, solange er in Arbeit stand, täglich den Gegenwert von etwa 6,7 kg Roggen verdiente. Unterstellt man, daß der Mann das ganze Jahr hindurch Arbeit fand und von seinem Einkommen eine fünfköpfige Familie zu leben hatte, so dürfte sein Gesamteinkommen (104 Reichstaler) sich wie folgt verteilt haben: Für Miete mußten mindestens 15 Reichstaler, für Licht und Heizung 7 Reichstaler abgezweigt werden. Für Kleidung und sonstigen Bedarf wurden 6 Taler veranschlagt. Das war eine sehr geringe Summe, doch stand nicht mehr zur Verfügung, da das übrige Einkommen für den Ankauf von Nahrungsmitteln gebraucht wurde. Rund 73 v. H. der Gesamtausgaben dürften auf sie entfallen sein, wobei das Brot weit im Vordergrund stand. Wie sich in der Wohlstandsgesellschaft solche Ausgaben verschoben, mag das danebenstehende Bild noch zeigen, das die Ausgaben eines Vier—Personen—Arbeitnehmerhaushalts mit mittlerem Einkommen in der Bundesrepublik Deutschland im Jahre 1965 enthält. Auf die Ausgaben für Lebensmittel entfielen nur noch rund 32 v.H., auf die Ausgaben für Brot und Nährmittel sogar nur 4,2 v.H. der Gesamtausgaben.

Die Rechnung, die für die Zeit um 1800 aufgemacht wurde, unterstellte, daß der Mann das ganze Jahr hindurch Arbeit fand. Geschah dies nicht, und vermochten auch Frau und Kinder nicht mitzuverdienen, so sank die Familie noch tiefer ab, vielleicht in die Gruppe derjenigen, die sich aus eigener Kraft nicht mehr zu ernähren vermochten. Das waren in Berlin im Winter 1800 30 000 bis 40 000 Personen, mehr als ein Fünftel der Zivilbevölkerung der Stadt, wie man aus einer Aufnahme erfährt, die Friedrich Wilhelm

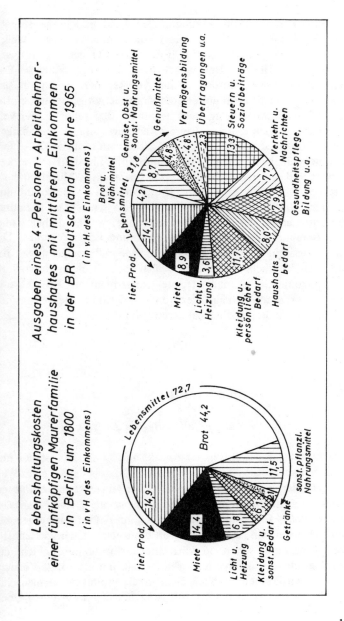

III. im November 1800 anordnete. Den Anlaß bildete die Ausgabe von Karten zum verbilligten Bezug von Kommißbrot an "Bedürftige". Die Verbilligung betrug etwa die Hälfte des Marktpreises. Nach einigem Hin und Her, wobei es um die Abgrenzung des Empfängerkreises ging, wurden als die Ärmsten der Armen, die sich nun wirklich nicht mehr aus eigener Kraft die nötigen Lebensmittel beschaffen konnten, festgestellt 1. rund 1 000 schon bisher vom Amt unentgeltlich in Armenhäusern verpflegte Almosenempfänger; 2. die "armen Stuhlarbeiter", also Textilarbeiter, mit 5 000–6 000 Personen; 3. die "ärmeren Professionisten", d.h. die Handwerker, Krämer und anderen Selbständigen des damaligen "Mittelstandes", deren Einkommen unter dem physiologischen Existenzminimum lag, mit rund 2 000 Personen, und 4. die schlechtest bezahlten Unteroffizianten der königlichen und anderen öffentlichen Kollegien, Boten, Kopisten und andere, mit rund 1 500 Personen. Das waren zusammen 10 000 Personen, mit Familienangehörigen das Drei– bis Vierfache dieser Zahl, wobei auch zu dieser Aufstellung noch anzumerken ist, daß bitterste Armut nicht nur am Webstuhl und Spinnrad, sondern auch fernab von jeder Industrie, selbst noch im Aktenstaub königlicher Behörden gefunden wurde.

II. DIE ENTSTEHUNG DER NOT

1. Der Reallohnfall zu Beginn der Neuzeit

Man muß bis in das Mittelalter zurückgehen, um die Umstände und Bedingungen dieser Armut zu begreifen. Dazu bedarf es eines Wegweisers oder eines Leitseiles. Es werden zunächst die *Löhne* gewählt (in späteren Ansätzen sollen noch weitere Daten herangezogen werden). Die Löhne, gemessen an ihrer Kaufkraft gegenüber den Lebensmitteln, vermitteln einen Eindruck von der wirtschaftlichen Lage einer schon im Mittelalter recht breiten Schicht der Bevölkerung und darüber hinaus noch, falls nur die nötige Vorsicht gewahrt wird, einen Einblick auch in die Produktivität menschlicher Arbeit. Es sei zuerst ein Bild vorgeführt, das nur einen Überblick über die Lohnentwicklung und einige ihrer Umstände erlauben soll. Es enthält Bauarbeiterlöhne aus dem südlichen England seit dem hohen Mittelalter, dargestellt in Wareneinheiten, die eine Arbeiterfamilie zu kaufen pflegte, und — natürlich nur in grober Schätzung — die Bevölkerung in den drei Ländern England, Frankreich und Deutschland, aufgezeichnet für die Jahre, die als Wendepunkte der langfristigen Bevölkerungsbewegung angenommen werden dürfen. Es zeigt sich, daß vom 14. bis in das 19. Jahrhundert hinein sich die Löhne entgegengesetzt zur Bevölkerung entwickelten. Sinkender Bevölkerung entsprachen steigende Löhne, wachsender Bevölkerung sinkende (Real-)Löhne.

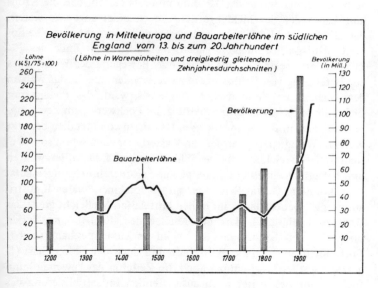

Nur im 13. und beginnenden 14. Jahrhundert scheint diese Regel durchbrochen worden zu sein. Im 13. und wohl auch noch im beginnenden 14. Jahrhundert wuchs die Bevölkerung Englands und Mitteleuropas kräftig. Gleichwohl stiegen, wie sich auch noch aus anderen als den im Bild gebrachten Nachrichten zeigt, die Löhne in England und auf dem Kontinent. Damals entfalteten sich die Städte und mit den Städten die Arbeitsteilung, die schon Adam Smith als Hebel wirtschaftlichen Fortschritts rühmte. Gewerbe,

Handel und Landwirtschaft wuchsen in die Breite (es ist die große Zeit der Rodungen in Mitteleuropa) und auch schon in die Tiefe wirtschaftlicher Möglichkeiten. In der Landwirtschaft breitete sich die Dreifelderwirtschaft aus, bei der nur jedes dritte Jahr der Acker noch brach lag. Verbesserte Pflüge, vollkommenere Anspannungen, bessere Bodenbereitungen (durch Mergeln und Düngen der Äcker, häufigeres Pflügen u.a.m.) setzten sich durch. Im Sektor der Verarbeitung der Rohstoffe kam das Handspinnrad und der Trittwebstuhl auf, und noch schneller breitete sich nach der Jahrtausendwende die *Wassermühle* aus, die mit verbesserten Einrichtungen vielen Hantierungen zu schnellerem und vollkommenerem Ergebnis verhalf. Bereits Bilder des 12. Jahrhunderts zeigen, daß die Kron- und Zahnräder der Mühlengetriebe so einander angepaßt waren, daß sie dem Mühlstein auch in langsamer Wasserströmung eine hohe Umlaufsgeschwindigkeit gaben. Vermutlich am Ende des 12. Jahrhunderts gelang es, die rotierende Bewegung des Wasserrades zur Betätigung von Fallhämmern zu verwenden, die für das Walken des Tuches, das Zerquetschen von Färberwaid, das Pressen der Eichenrinde für die Lederbearbeitung, im Pochwerk zum Zerstampfen von Erz, in der Schmiede zum Hämmern von Metallen benutzt wurden. Wenig später wurden die Wasserräder auch schon so eingerichtet, daß sie Schmiedebälge, Schleifsteine und die in Bergwerken und Salzgruben benötigten Pumpen und Fördereinrichtungen betätigen konnten. Gustav Schmoller sprach von einer "ersten Industrialisierung" Deutschlands im hohen Mittelalter. Vielleicht greift das Wort zu hoch, doch darf der Anstieg der (Real-)Löhne, der in dieser Zeit zu beobachten ist, wohl im Zusammenhang solcher Fortschritte in Technik, Wirtschaft und auch der Gesellschaft (!) gesehen werden. Nur einmal noch, im Zeitalter der "zweiten" und freilich nun viel weiter noch ausgreifenden Industrialisierung des 19. und 20. Jahrhunderts, vermochte der Druck wachsender Bevölkerung von Fortschritten in der Wirtschaft abgefangen zu werden. Solche technisch-organisatorischen Fortschritte in Gewerbe und Handel brachen auch nicht ab, als um die Mitte des 14. Jahrhunderts der Schwarze Tod Mitteleuropa heimsuchte. Das war eine Beulenpest, die schon in ihrem ersten Durchzug 1347/1350 wohl ein Drittel der Bevölkerung im mittleren und westlichen Europa hinwegraffte. Es folgten weitere Umzüge der Pest und lokal begrenzte Seuchen, die eine Wiederauffüllung der in die Bevölkerung Mitteleuropas gerissenen Lücken verhinderten. Die Historiker vieler Länder sind sich darin einig, daß in der langen Linie — gewiß nicht immer kurzfristig — die Bevölkerung Mitteleuropas im Spätmittelalter sank, vielleicht um 20—30 v.H. zwischen den Jahren um 1340 und 1470.

Damit lockerten sich auch die Spannungen, die hier und da schon zwischen der Bevölkerung und ihren natürlichen Ressourcen aufgetreten waren. Viele Grenzböden fielen in diesem Zeitalter der "Wüstungen" (14./15. Jahrhundert) aus[15]. Die Preise der Agrarprodukte sanken, während die Löhne weiter stiegen. Ein Maurer, der "Ecklöhner" meiner überschläglichen Rechnung, empfing im Mittel mehrerer deutscher Städte und Landschaften im 15. Jahrhundert einen Lohn im Gegenwert von 20—30 kg Roggen und darüber. Die Meister waren noch besser gestellt. So verdiente z.B. ein Steinmetzmeister, der beim Bau der St.—Victors—Kirche in Xanten beschäftigt war, im Mittel einer längeren Reihe von Jahren des 15. Jahrhunderts täglich den Gegenwert von rund 27 kg Brot oder 10 kg Fleisch, ein Schreinermeister und ein Dachdeckermeister rund 15 v.H. weniger. Hinzu kamen Prämien und Geschenke, beim Dachdecker z.B. eine Gefahrenzulage bei Arbeiten am Kirchturm, beim Steinmetz eine Gabe für besonders gefällige Arbeit. Doch auch ohne diese Zulagen betrug der Meisterlohn dieser Handwerker rund das Fünffache dessen, was um das Jahr 1840 in Oberhessen ein Handwerksmeister verdiente.

Natürlich kann auch eine solche Rechnung nur einen Anhalt für den "Reallohn" geben, da der Einholkorb eines spätmittelalterlichen Handwerkers ganz anders als im 19. Jahrhundert bestückt war. Er enthielt noch mancherlei Dinge, die das Leben verschönten und nicht zuletzt auch dazu dienten, die vielen Feiertage zu genießen. Denn auch dies muß noch gesagt werden: Die Handwerker des Spätmittelalters überarbeiteten sich nicht. In Xanten gab es bereits in dieser Zeit eine Art 5—Tage—Woche. Solches zeigte sich bei einer Auszählung der Arbeitstage in den zufällig herausgegriffenen Jahren 1356 und 1495. In dem einen dieser Jahre wurde in den 49 Wochen, von denen die Rechnungen berichten, an 250 Tagen gearbeitet, in dem anderen Jahr in 53 Wochen an 270 Tagen, also im Durchschnitt je Woche an fünf Tagen. Der Rest der Tage entfiel auf

19

die Sonntage und die vielen Feiertage, z.B. – sie können hier nicht alle aufgezählt werden – Peter und Paul, Maria Magdalena, Jacob und Pantaleon, Petri Kettenfeier, Laurentius, Mariä Himmelfahrt, Bartholomäus, Mathäus, Michael, Victor, 11000 Jungfrauen usw., insgesamt je Woche im Durchschnitt des Jahres neben dem Sonntag noch ein Feiertag.

An dieser Stelle empfiehlt es sich, einen Augenblick innezuhalten. Was bisher geschildert wurde, war eine Art Vorspiel zu dem Hauptstück, das sogleich folgen soll. Es wurden Fäden sichtbar, die kommende Verwirrungen ahnen ließen, aber noch nicht sich zum Knoten schürzten, weil es noch an dem Widerstand fehlte, dem eine wachsende Bevölkerung begegnen mag. Das änderte sich seit dem Ende des 15. Jahrhunderts, als allgemeiner in Mitteleuropa die Zahl der Menschen wieder zunahm. Damit hebt sich der Vorhang der Bühne ein andermal und jetzt, so darf gesagt werden, zu einem wahrhaft erregenden Schauspiel: Zu der wachsenden und nur einmal noch unterbrochenen *Verarmung der von ihrer Hände (und Köpfe) Arbeit lebenden Menschen.*

Das 16. Jahrhundert ging als das Jahrhundert der "Preisrevolution" und "Silberinflation" in die Wirtschaftsgeschichte ein. In den Ländern jenseits der Meere waren reiche Silbervorkommen entdeckt worden. Das Silber gelangte nach Spanien und von dort nach Mitteleuropa, wo es in den vielen Münzstätten der Zeit zur Prägung von Silbermünzen verwendet wurde. Das will die Rede von der "Silberinflation" besagen. Sie führte angeblich zu einer "Revolution" auch der in Silbermünzen berechneten Preise. Hier sind nun aber einige Anmerkungen am Platze, die für das Thema dieser Schrift wichtig sind. Zum ersten begannen die Preise in Europa lange vor der Ankunft der Silberflotten aus der Neuen Welt zu steigen, schon seit dem Ausgang des 15. Jahrhunderts, während die Silberimporte sich erst seit etwa 1550 häuften. Das ist dem europäischen, insbesondere dem aufblühenden deutschen Bergbau zuzuschreiben. Zum andern übertreibt die Rede von einer "Preisrevolution" maßlos. Die Getreidepreise, die am stärksten von allen Preisen stiegen, erhöhten sich vom ersten bis zum letzten Jahrzehnt des 16. Jahrhunderts in Silberwerten in Frankreich auf rund das Sechseinhalbfache, in England, Belgien und Polen auf rund das Vierfache, in den Niederlanden auf das Dreifache und in Deutschland

20

und in Österreich auf etwas mehr als das Zweieinhalbfache. Das einfache arithmetische Mittel dieser Getreidepreissteigerung in diesen sieben Ländern beträgt für die neun Jahrzehnte von 1501/10 bis 1591/1600 386 v.H., also bei einfacher Mittelung 4,3 v.H., bei kumulativer oder Zinseszinsrechnung 1,5 v.H. jährlich. Heute wäre man froh, wenn sich der Preisauftrieb in der Bundesrepublik in so engen Grenzen hielte, und doch ist noch niemand auf den Gedanken verfallen, den Preisanstieg unserer Tage als "Preisrevolution" zu bezeichnen. Aber in den wirtschaftsgeschichtlichen Lehrbüchern läßt sich dieser Ausdruck offenbar nicht mehr ausrotten.

Zum dritten ist noch anzumerken, daß nicht alle Preise in dem Ausmaß der Getreidepreise stiegen. Die Preise gewerblicher Erzeugnisse und die Preise für menschliche Arbeit, körperliche wie geistige, blieben hinter den Getreidepreisen zurück. Das Bild auf S. 22 bringt einen Überblick über die Preis- und Lohnbewegung in Mitteleuropa im 16. Jahrhundert. Die Preise wurden in 25jährigen Durchschnitten und Silbergewichten der Münzsummen berechnet. Die Jahre 1501 bis 1525 bilden die Basis. Das Bild zeigt, daß in sämtlichen sechs Ländern, die in die Rechnung aufgenommen wurden, die Getreidepreise die Spitze hielten. Die Preise gewerblicher Erzeugnisse und die Löhne erhöhten sich weniger. In fünf Ländern (England, Frankreich, Deutschland, Österreich und Polen) bildeten die Löhne den unteren Scherenarm, in einem Land (Belgien) lagen die Preise der gewerblichen Erzeugnisse noch tiefer. Vielleicht hängt dies mit dem Umstand zusammen, daß in der frühindustrialisierten und früh auch kommerzialisierten Nordwestecke unseres Kontinents die Arbeit ergiebiger war als anderswo. Aber diese Frage kann dahingestellt bleiben.

Die große Zahl der Werte, die in die Rechnung eingingen, stützt die Aussagekraft der Ergebnisse, doch bleiben vielleicht noch Wünsche und Zweifel. Darum wurde für eine einzelne deutsche Stadt, Hamburg, noch ein Bild der Preis- und Lohnentwicklung angefertigt. Hamburg lag am Schnittpunkt vieler Verkehrslinien und barg in seinen Archiven ein reiches preis- und lohngeschichtliches Material, bevor der Krieg es zum Teil zerstörte. Das Material war zusammen mit anderen Nachrichten aus deutschen Archiven in Abschriften nach England gelangt, von wo es vor einigen Jahren dem Institut

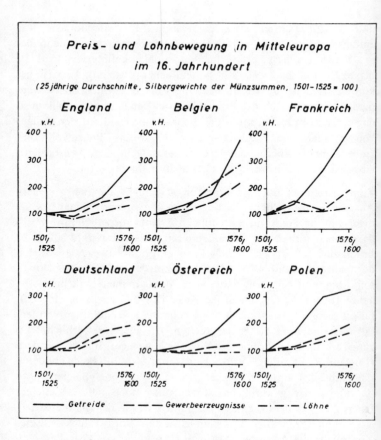

für Wirtschafts- und Sozialgeschichte in Göttingen zur Verfügung gestellt wurde.

Aus diesem Material stammt das nachstehende Bild. Es geht auf die Jahresrechnungen des Hiob- und des St.-Georg-Hospitals in Hamburg zurück, die für die einzelnen Waren und Löhne Angaben enthielten. Die Preisreihen wurden teils nach Gesichtspunkten des Bedarfes, teils nach solchen der Erzeugung zusammengestellt.

Das erste Teilbild (S. 23 links) enthält neben den Getreidepreisen noch Preise für Bohnen. Bohnen sind ähnlich wie Getreide reich an Kalorien. Tatsächlich schlossen sich die Bohnenpreise, wie das Bild zeigt, den Getreidepreisen eng an. Dagegen blieben die Preise für

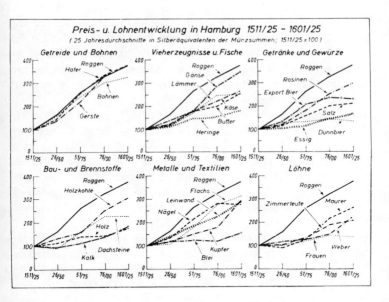

Vieherzeugnisse und Fische, Getränke und Gewürze mit wenigen Ausnahmen hinter den Roggenpreisen zurück.

Die Erklärung dafür bringt das letzte Bild der unteren Reihe, das einige der in Hamburg gezahlten Löhne enthält. Die Löhne stiegen nur wenig: Die Maurerlöhne auf rund das Zweieinhalbfache, die Löhne der Zimmerer und Weber auf das Doppelte und die Löhne der Frauen sogar nur um 40 v.H., während der Roggenpreis im gleichen Zeitraum sich in Hamburg auf 380 v.H. erhöhte. Das zwang die Lohnempfänger, ihre Kaufkraft auf die pflanzlichen Nahrungsmittel zu konzentrieren, die dadurch, also von der Nachfrageseite her, im Preis hinaufgetrieben wurden, aber trotz des starken Preisanstiegs je Nährwerteinheit doch relativ noch billig blieben. Man kennt solche Verhältnisse aus den Jahren der "grauen" und "schwarzen" Märkte um 1947. Im Grundzug das gleiche ereignete sich um 1600. Ein Maurer konnte mit seinem Tagelohn im Durchschnitt mehrerer deutscher Städte in den Jahren 1575 bis 1600 durch den Kauf von Roggen, Erbsen oder Bohnen etwa 23000 Kalorien erwerben, hingegen nur etwa 5000–7000 Kalorien beim Kauf von Rindfleisch, Schweinefleisch oder Butter. Der

Grund für das Zurückbleiben der Preise animalischer Erzeugnisse gegenüber den Preisen der planzlichen Produkte muß also bei der verschiedenen Preis- und Einkommenselastizität der Nachfrage gesucht werden. Bei steigenden Preisen oder sinkendem Einkommen begnügt sich der Verbraucher mit dem, was zwar weniger gut schmeckt, aber besser den Magen füllt.

Die untere Reihe des Bildes enthält Preise für Bau- und Brennstoffe und für Metalle und Textilien. Daß diese Preise hinter den Roggenpreisen zurückblieben, dürfte auch mit den Löhnen, aber hier mehr mit ihrer Kostenfunktion zusammenhängen. Die Löhne gingen als Kosten in die Preise gewerblicher Erzeugnisse ein. Da diese Lohnkosten relativ niedrig blieben, konnten auch die Preise der handwerklichen Erzeugnisse hinter den Preisen der Lebensmittel zurückbleiben.

Das ist die sogenannte Preisrevolution des 16. Jahrhunderts. Sie hatte für die Lohn- und Gehaltsempfänger aller Art, vom ungelernten Arbeiter bis zum Handwerksmeister und vom einfachen Schreiber bis zum Gelehrten, sehr üble Folgen. Die Kaufkraft ihrer Einkommen sank. In welchem Umfang dies geschah, sei an Hand eines Einzelfalles, dem aber repräsentative Bedeutung zukommt, noch genauer geschildert. Herangezogen wird wieder mein "Ecklöhner", ein Maurer- oder Zimmerergeselle, in diesem Falle aus Augsburg, weil die Augsburger Archive neben Löhnen auch ein reiches Preismaterial bergen. Unterstellt wird, daß der Mann insgesamt 260 Tage im Jahr beschäftigt war, 190 Tage im Sommer und 70 Tage im Winter, und daß er eine fünfköpfige Familie zu ernähren hatte. Der Mindestbedarf einer solchen Familie läßt sich annähernd schätzen, wenn von dem physiologischen Existenzminimum und bei diesem von dem Kalorienbedarf je Person und Tag ausgegangen wird (3600 Kalorien für den Mann, 2400 für die Frau, 2400–1200 für die drei Kinder, insgesamt 11200 Kalorien je Tag für die Familie). Die weiteren Bedarfsansätze mögen der Anmerkung entnommen werden[16]. Die Mengen der einzelnen Güter wurden mit den jeweiligen Jahrespreisen bewertet und dem Jahresverdienst des ganz für Bargeld arbeitenden Maurergesellen gegenübergestellt. Es zeigte sich (Bild auf S. 25), daß die so berechnete Kaufkraft eines Bauarbeiterlohnes unter Schwankungen, auf die noch zurückzukommen sein wird, vom Beginn des 16. Jahrhunderts an sank und

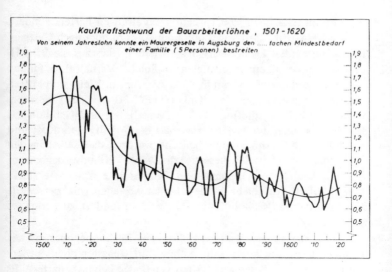

um etwa 1540 den Mindestbedarf einer solchen Familie nicht mehr zu decken vermochte.

Der Schluß auf den Hunger, den solche Familie zumindest zeitweilig litt, ist sicher berechtigt, doch sind in die Rechnungen einige "Pufferzonen" eingegangen, auf die hingewiesen werden muß. Zum ersten wurden konstante Verbrauchsmengen unterstellt, darunter, wenn auch im bescheidenen Umfang, Fleisch (20 kg je Person und Jahr) und Butter (10 kg je Person und Jahr). Man wird in den Hungerjahren auf solche Nahrungsmittel, zu schweigen von Leinwand und Kerzen, die noch in die Rechnung mit eingingen, zugunsten von Brot, Erbsen, Grobgemüse usw. verzichtet haben. Zum anderen wurde unterstellt, daß Frauen und Kinder nicht mitarbeiteten. Vielleicht versuchten sie, wenn die Familie Hunger litt, in der einen oder anderen Form zum Lebensunterhalt der Familie beizutragen, doch war es gerade für sie in den Hungerjahren schwierig, Arbeit zu finden. Zum dritten wäre es natürlich denkbar, daß die Arbeiterfamilie noch ein Gärtchen besaß, aus dem sie einige Lebensmittel gewinnen konnte, doch gilt dies sicher nur für eine verschwindende Minderheit. Für die Stadt Uelzen in Niedersachsen ergab eine genauere Auszählung der als "echtes Proletariat im modernen Sinn" angesprochenen Personen, d.h. jener Leute, die weder Grundbesitz noch steuerpflichtiges Vermögen hatten, sondern allein von Arbeit gegen Tageslohn oder Akkord oder nach Gelegenheit wechselnden Dienstverhältnissen lebten, daß auf sie 35 v.H. der Gesamtbevölkerung entfielen[17]. Solche Verhältnisse fanden sich auch anderswo. So kam in 18 kursächsischen Klein- und Mittelstädten auf die Gruppe der "Unbeerbten" 30 v.H. der Gesamtbevölkerung[18]. Nun empfingen zwar Dienstboten und Gehilfen des Handwerks noch zumeist im Haushalt des Arbeitgebers Kost und Behausung, doch muß auch bedacht werden, daß selbst in den Einkommen noch vieler dieser "Arbeitgeber" (Handwerksmeister, Krämer, Beamte usw.) Löhne und lohnähnliche Einkünfte steckten. So darf man nicht in den Fehler verfallen, die *personelle Reichweite* des Reallohnfalles im 16. Jahrhundert zu gering zu veranschlagen.

Und nun die Frage: Warum sanken die Reallöhne oder, anders formuliert, warum stiegen die Löhne und Gehälter nicht in dem Ausmaß der Preise der wichtigsten Güter des Lebensbedarfes? Es gibt Forscher, die der Meinung sind, daß solches einer Erklärung nicht bedürfe, weil es im 16. Jahrhundert doch eine "Inflation" gegeben habe und bei einer Inflation die Löhne immer hinter den Preisen zurückbleiben. Aber hier führt das Wort Inflation in die Irre. Was sich im 16. Jahrhundert ereignete, ist nicht entfernt mit den Erfahrungen etwa der deutschen Inflation nach dem ersten Weltkrieg zu vergleichen. Damals erhöhten sich die Preise sprunghaft, von Tag zu Tag, und wenn die Löhne und Gehälter nicht täglich revidiert wurden, konnten sie auch nur mit Abstand den Preisen folgen. Dagegen war die "Preisrevolution" des 16. Jahrhunderts ein Vorgang, der sich über mehr als ein Jahrhundert erstreckte. Es ist nicht zu erkennen, warum die Löhne und Gehälter die jährliche Steigerung der Lebensmittelpreise um etwa 1,5 v.H. nicht hätten mitmachen sollen, *wenn* die Leistungsseite der Wirtschaft sich der Bevölkerungszunahme angepaßt hätte. Aber die Leistungen der Wirtschaft hielten mit der Bevölkerung nicht Schritt. Im 16. Jahrhundert wuchs die Bevölkerung in Deutschland (und Mitteleuropa), die im Spätmittelalter abgenommen hatte, kräftig. Nach Nachrichten, die aus verschiedenen Teilen Deutschlands vorliegen, darf die jährliche Zunahme im Durchschnitt des 16. Jahrhunderts mit etwa o,5 v.H. beziffert werden (jährliche Bevölkerungszunahme in der Bundesrepublik um 1960 etwa 0,6 v.H.). Um die Mitte des 16. Jahrhunderts hatte Deutschland (in den Grenzen von 1933) den Bevölkerungsstand wieder erreicht, den es bereits einmal, in den Jahren vor dem Schwarzen Tod, innegehabt hatte. Bis zum Ausbruch des Dreißigjährigen Krieges kamen noch etwa 2–3 Millionen Menschen hinzu.

Der Zuwachs an Menschen wurde am deutlichsten im *Landbau* gespürt. Die Menschen mußten ja leben. Sie brauchten zumindest Nahrungsmittel, dann aber auch, wenngleich mit abnehmenden Dringlichkeitswerten, Kleidung und Behausung. So wurden denn auch viele wüste Ländereien wieder angebaut, die im Spätmittelalter aus der landwirtschaftlichen Produktion ausgeschieden waren, und darüber hinaus noch Bodenflächen in Angriff genommen, die bisher noch nie bestellt worden waren. Von dem Städtchen Frankenberg in Hessen heißt es um das Jahr 1570, daß dort einige zwanzig Morgen "von der allerbösesten und geringsten Länderei" in Kultur genommen worden seien. Aus Balingen auf der Schwäbischen Alb berichtete der Stadtschreiber (1601), daß in den jüngst vergangenen langwierigen Teuerungsjahren "viele rauhe und felsige Böden ausgereutet und umgerissen" worden seien. An den Küsten wurde dem Meer Boden abgewonnen. Im Jeverland, in der Harlebucht, der Leybucht und im übrigen Ostfriesland dürften insgesamt rund 40 000 ha im 16. und beginnenden 17. Jahrhundert trockengelegt und eingedeicht worden sein; das war mehr als zwei Drittel der für die Zeit vom 13. bis zur Mitte des 19. Jahrhunderts insgesamt nachweisbaren Neulandflächen in diesen Landschaften. Das ist verständlich auch deshalb, weil — auch abgesehen von der un- oder unterbezahlten Arbeit, die von den Grundherren vielfach zur Gewinnung von Neuland eingesetzt werden konnte — die Löhne im Verhältnis zu den Preisen der Agrarprodukte so niedrig standen, daß solche Kulturarbeiten hoch "rentabel" waren. Selbst im fernen Ostpreußen, wo die Getreidepreise noch um ein Drittel hinter den Preisen der Nordseeküsten zurückstanden, wurden die "Unkosten, so nach Landbrauch ... auf das Roden gegangen", bei Rodeäckern herzoglicher Domänen in drei Jahren voller Bewirtschaftung wieder hereingebracht. Das Rodekapital verzinste sich mit nicht weniger als 33 1/3 v.H.

Auch wurden einige Fortschritte in den landwirtschaftlichen Be-

27

triebssystemen und Techniken erzielt. Doch dürfen die Nachrichten, die davon künden, nicht überschätzt werden. Man muß die Frage stellen, ob und inwieweit durch Fortschritte der Technik die Ergiebigkeit der genutzten Flächen und/oder der aufgewandten Arbeit gesteigert wurde. Das geschah sicher nicht in dem Maße, daß die wachsende Bevölkerung unter konstanten oder gar sinkenden Kosten ernährt werden konnte. Wäre dies der Fall gewesen, so hätte es sich erübrigt, die steinigen und hängigen Böden in unseren Mittelgebirgen und die Sanddünen in Brandenburg und Pommern noch zur Nahrungsmittelgewinnung heranzuziehen.

Die Veränderungen im *Gewerbe* und im *Handel* lassen sich nicht in so wenige Striche einfangen. Fortschritte an einem Ort und in der einen Sache kreuzten sich mit Stillstand oder gar Rückgang, aber einige Hinweise von allgemeinerer Bedeutung lassen sich doch den Veränderungen in Wirtschaft und Gesellschaft entnehmen. Hierzu gehört (a) die Zunahme des Bettlerunwesens, die im zeitgenössischen Schrifttum und in vielen Edikten der Landesherren und Städten zum Ausdruck kam. Da auch in diesem Fall Kürze geboten ist, seien nur beispielshaft aus der Sammlung märkischer Verordnungen[19] notiert: Edikt wider die fremden Bettler und Landstreicher (1565), ... wider die Landbeschädiger, Räuber und unbekannte verdächtige Personen (1567), ... wider die Straßenräuber, Mordbrenner, verdächtige Müßiggänger und herrenlose Knechte (1572), ... wider die Landstreicher und Bettler (1573), renoviertes Mandat wider das Garden und Betteln der Landsknechte, Pracher, Bettler und loser Buben (1574), Edikt wider die Landsknechte, Teichgräber, in Backöfen sich aufhaltende Bettler und Müßiggänger (1584).

Im Zusammenhang mit der Zunahme der Bettler standen (b) Erscheinungen im Zunftwesen, die als Versteinerung oder Verknöcherung der Zünfte bezeichnet zu werden pflegen, insbesondere die Erschwerung des Eintrittes in die Zünfte, und (c) die ersten Schriften, die die Lehren eines Malthus ankündigen. Das gilt für den Italiener Botero (1540–1617), der die virtus generativa der viel schwächeren virtus nutritiva gegenüberstellte, den Engländer Holinshed (gestorben um 1580), der die Vermehrung des Viehes für nützlicher als die Zunahme der Menschen hielt, und für Sir Walter Raleigh (1552–1618), der kein größeres Übel als den Hunger kannte, der durch die Überlastung der Länder mit Menschen entstände[20].

Solche Zeugnisse mögen Zweifel erwecken, doch kann nicht gut bestritten werden, daß die Fortschritte der Wirtschaft insgesamt, die noch zu zwei Drittel oder mehr aus Aktivitäten im Landbau bestand, hinter dem Zuwachs der Bevölkerung zurückblieben. Das läßt sich zwar noch aus keiner Produktions- oder gar Produktivitätsstatistik ablesen, doch kann nur so der katastrophale Fall der (Real−)Löhne im 16. Jahrhundert erklärt werden.

2. Ein Zwischenakt

Der dreißigjährige Krieg unterbrach den Bevölkerungsanstieg in Deutschland. Aus noch nicht völlig geklärten Gründen stockte die Bevölkerungszunahme auch im benachbarten Ausland. In Frankreich, dem damals volkreichsten Land Europas, klagte François Quesnay, der Führer der physiokratischen Bewegung, daß Frankreich vor 100 Jahren 24 Millionen Einwohner gehabt hätte, um das Jahr 1700 noch etwa 19 1/2 Millionen und in seiner Zeit (um 1760) nur etwa 16 Millionen, und Montesquieu meinte gar: "Wenn dieser Bevölkerungsrückgang nicht aufhört, wird in eintausend Jahren die Welt eine Wüste sein". Die neuere französische Forschung hat solche Auslassungen revidiert. Man hat sie als Übertreibungen erkannt, die aus der Gegnerschaft gegen die Regierung erwuchsen, doch bestätigte auch sie, daß die Bevölkerung Frankreichs im ausgehenden 17. und beginnenden 18. Jahrhundert sank, z.B. die ländliche Bevölkerung im Languedoc von 1677 bis 1741 um 18 v.H., in einigen Dörfern sogar auf die Hälfte und noch weniger[21]. Die deutsche Forschung hat solche Nachrichten aus dem Ausland noch zu wenig berücksichtigt[22]. Europa war im Handels-, Wirtschafts- und Kulturbereich bereits in erheblichem Ausmaß integriert. Der Umschlag der Bevölkerungswelle in den benachbarten Ländern ließ auch die deutschen Territorien nicht unberührt. Die Getreideexporte aus dem Baltikum und die Viehexporte aus den Weidezonen am Rand der Nordsee sanken. Die Preise der Agrarprodukte standen langfristig — nicht also in jedem Jahr der langen Nachkriegsperiode — unter einem Druck, der den Wiederaufbau verzögerte, zumal die Kostenpreise der Landwirtschaft nicht nach-

zogen. "Das liebe Getreidig" stehe zu niedrig im Preis, klagten im März und April 1681 die märkischen Ritter ihrem Kurfürsten. Dagegen müßten "Eisen, Schmiedezeug, Glas, Leder, Tobak und Zucker, auch Kalk und Mühlensteine teuer bezahlt werden"[23].
Ähnliches gilt für die *Löhne* in Geld- und Naturalformen. Ehedem, so heißt es in einer Schrift aus dem Jahre 1658, die den bezeichnenden Titel Aureum Saeculum trug, mußte eine Magd 25 Dörfer auslaufen, bis sie einen Dienst und einen bescheidenen Lohn erlangte: "Jetzt ist dieser Lohn zehnfach gestiegen. Nunmehr ist es besser Knecht als Herr zu sein". "In unserem gemeinen Elend und Trauern", so klagte in einer anderen Schrift aus dem Jahre 1653 ein Schwarzwälder Bauer, "hat allein noch das Gesind Freud und Mut; wir müssen sie lassen Meister sein, müssen ihnen fast den Seckel zu dem Gelde geben, ihnen voll auftragen und selber Mangel leiden." Im Lande Hadeln an der Nordseeküste entwickelte sich der Brauch, daß Knechte und Mägde keine Dienstverträge mehr abschlossen, weil sie in Tagen und Wochen so viel verdienten, daß sie davon leben konnten. Dem versuchten die Landesherren entgegenzuwirken. In einer Verordnung (vom 22.12.1653) wurden Strafen bei Faulheit und unberechtigtem Arbeitswechsel angedroht. Es heißt da von den Mägden, "daß sie auf ihre eigene Hand, wie man redet, sich setzen und mit diesem trotzigen Fürgeben, das Korn wäre nun wohlfeil und guten Kaufes, könnten von einem Himpten Roggen und Weizen lange essen, hätten nicht nötig, daß sie bei anderen sich plageten und verarbeiteten; wodurch dann manchen es an dem nötigen Gesinde gebricht, und dasselbe in seinem Frevel und Mutwillen gestärkt wird".

Nicht anders klingen die Nachrichten aus den Städten. Ringsum in Deutschland wurden, um der Lohnsteigerung zu begegnen, Lohntaxen erlassen, doch halfen sie nicht viel. Die Arbeiten der Kürschner, Schuhmacher, Weber, der Schmiede, Sattler, Wagner und Maurer waren teuer geworden. Es mag vermessen erscheinen, diesem Faktum auch eine positive Seite abzugewinnen, denn auch dies geht auf den langen Krieg zurück, der Not und Armut nach Deutschland gebracht hatte. Wer in Zahlen zu lesen vermag, wird schon in der demographischen Bilanz die schrecklichen Spuren des Krieges finden. Tatsächlich gab es Dörfer, die bis zur letzten Hütte niedergebrannt, deren Äcker verwüstet, deren Bauern entlaufen oder erschlagen waren. Noch viele Jahrzehnte nach dem Krieg lag Land in Fülle brach. In vielen Gemarkungen wurden nur die besten Grundstücke bebaut und die Außenfelder zu Weiden liegengelassen. Aber damit hatte sich auch der Bevölkerungsdruck gelockert, der vor dem Kriege auf der Arbeit gelastet hatte. Die Löhne stiegen und blieben hoch, in Deutschland zumindest bis zur Jahrhundertwende, im benachbarten Ausland noch länger. Man spricht in der französischen, englischen, skandinavischen und polnischen Literatur von einem Zeitalter der Stagnation oder Depression. Das gilt für die Preise der Agrarprodukte und für einige Produktions- und Umsatzzahlen. Davon zu unterscheiden ist die Produktivität menschlicher Arbeit, die dank des Ausfalls geringer Böden (Grenzböden) und dank auch verbesserter Techniken zunahm. Nur war dies keine Erscheinung von Dauer.

Im säkularen Geschehen stellt auch die lange Depressionsperiode nach dem Dreißigjährigen Krieg nur einen Zwischenakt dar. Er unterbrach eine Entwicklung, die bereits im ausgehenden Mittelalter begonnen hatte und sich im 18. Jahrhundert fortsetzte, freilich mit Unterschieden in den einzelnen Ländern Europas. In Deutschland, wo der Bruch schärfer als im benachbarten Ausland gewesen war, setzte die Erholung, wenn auch langsam, früher ein als in den Nachbarländern. Nimmt man jedoch Mitteleuropa als Ganzes, so darf die Wende wohl um 1750 gesehen werden, als allgemeiner die Bevölkerung wieder stärker wuchs.

3. Die Teuerung am Ende des 18. Jahrhunderts

erhebliches Bevölkerungswachstum

Nachrichten über die Bevölkerung liegen aus den einzelnen Ländern Europas nicht aus den gleichen Jahren vor. Wünscht man die verschiedenen Erhebungs- oder Schätzungsjahre in die gleiche Zeitordnung zu bringen, so muß inter- oder extrapoliert werden, wobei sich etwa das folgende Bild ergibt: Zwischen 1740 und 1805 nahm die Bevölkerung Brandenburg-Preußens im Besitzstand von 1740 auf mehr als das Doppelte, im Besitzstand von 1748 auf rund 180 v.H. zu (von etwa 3,2 Millionen auf etwa 5,7). Die Bevölkerung Frankreichs wuchs im gleichen Zeitraum auf etwa 150 v.H. (von knapp 20 auf fast 30 Millionen), die Bevölkerung Englands einschließlich Wales auf etwa 165 v.H. (von 6 auf knapp 10 Millionen).

Preis-
stei-
gerung

Die Bevölkerung des überblickbaren Mitteleuropas wuchs also erheblich, und dies wurde mit als Ursache der *Preissteigerung* der Zeit gesehen. Freilich glaubten auch nicht wenige Zeitgenossen, daß Maßnahmen ihrer Regierungen, wie Ausfuhrverbote, Reglementierungen des Getreidehandels o.ä., dazu noch die Zunahme der Edelmetallproduktion die Schuld an den sprunghaft steigenden Preisen trügen. Doch erklärten andere, und sie mit einer rasch zunehmenden Gefolgschaft, daß "die wahre Ursache der Preissteigerung . . . aller Wahrscheinlichkeit nach in der Zunahme der Bevölkerung und der Vermehrung der Kosten, welche die Versorgung dieser größeren Zahl mit sich brachte, zu suchen" sei (so erklärte E. West in bezug auf die englische Preissteigerung zwischen 1765 und 1775). Selbst aus dem weiträumigen Rußland berichtete Chr. von Schlözer, der um die Wende vom 18. zum 19. Jahrhundert Professor in Moskau war, daß man "hier fast allgemein über die unmäßige Teuerung der Lebensmittel" klage: "Was die Ursache zu dieser Teuerung betrifft, so schreiben die Politiker solche fast allgemein der vermehrten Masse der edlen Metalle zu. Allein gewiß hat letztere nur den geringsten Anteil daran. Weit mehr noch trägt die vermehrte Volksmenge zur Verteuerung der Lebensmittel bei." Tatsächlich stiegen auch wieder die *Preise der Lebensmittel* viel stärker als die Preise der Güter des elastischen Bedarfs, die stärker von der Einkommensentwicklung abhängig sind. In dem folgenden Bild wurden die Preise einiger gewerblicher Erzeugnisse und die Löhne neben die Getreidepreise gestellt. Es zeigt sich, daß die Getreidepreise in allen sechs in das Bild aufgenommenen Ländern den oberen Scherenarm der Preis–Lohnbewegung bildeten. In einigen Ländern (England, Frankreich) hielten sich die Löhne noch über den gewerblichen Erzeugnissen, in anderen stellten sie den unteren Arm der Scheren dar. Das mag mit Schwächen des Materials, vielleicht aber auch mit dem verschiedenen Stand der wirtschaftlichen Entwicklung der Länder zusammenhängen. Darauf wird noch zurückzukommen sein.

Wieder also sank die Kaufkraft der Löhne in Mitteleuropa. Aber blicken wir zunächst auf die andere Seite der Lohnbewegung, denn Löhne und lohnähnliche Größen vermitteln nicht nur Einkommen,

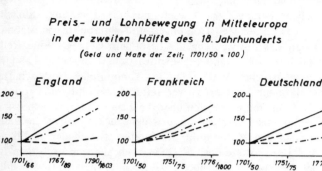

Preis- und Lohnbewegung in Mitteleuropa in der zweiten Hälfte des 18. Jahrhunderts
(Geld und Maße der Zeit; 1701/50 = 100)

——— Getreide   – – – Gewerbeerzeugnisse   –·–·– Löhne

sondern stellen auch Kosten dar. Die Schere zwischen den Preisen der Bodenprodukte auf der einen Seite und den Preisen der Manufakte sowie den Löhnen auf der anderen mußte vom Blickpunkt derjenigen, die über Landnutzungen verfügten, als Aufforderung empfunden werden, Boden zu erschließen und Kapital und Arbeit auf schon erschlossenem Boden vermehrt anzuwenden. Denn solange die Kosten für die Anschaffung, Amortisation und Verzinsung der Bodennutzungsmittel nebst den Lohnausgaben hinter den Einnahmen zurückblieben, war es für die Gutsbesitzer, Pächter und die Bauern zweckmäßig, Sach- und Arbeitsaufwand zu steigern. Das sind, auf eine kurze Formel gebracht, die aus den Marktbedingungen heraus wirkenden Kräfte, welche in der zweiten Hälfte des 18. Jahrhunderts zu der ungemein starken Ausdehnung und Intensivierung der landwirtschaftlichen Produktion beitrugen.

Gewiß wirkten neben den ökonomischen Kräften auch geistig-politische Bewegungen auf die Entwicklung der mitteleuropäischen

Landwirtschaft im ausgehenden 18. Jahrhundert ein. Die wirtschaftlichen Bedingungen wiesen nur die Richtung. Einzelne Männer, bestimmte Zeitströmungen und agrarpolitische Maßnahmen gaben der Entwicklung das besondere Gepräge. Eine Reihe von Vorkämpfern erstand der Landwirtschaft in vielen Ländern. Landwirtschaftliche Vereine und ökonomische Gesellschaften suchten das neue Ideengut zu verbreitern; eine Flut von agronomischen Zeitschriften ergoß sich über die Lande. So plötzlich, daß es selbst den Zeitgenossen seltsam erschien, rückte damals die Landwirtschaft in den Mittelpunkt des Interesses auch der gebildeten Welt. Voltaire spottete über die Franzosen, die sich nach dem Besuch der Opéra-Comique über Getreide unterhielten. In Versailles wurden unter dem Einfluß der Pompadour Versuche in der Präparierung von Saatkorn vorgenommen. Marie Antoinette schmückte sich mit Kartoffelblüten und molk und fütterte eigenhändig im Trianon. Joseph II. ackerte persönlich das Feld; Friedrich von Baden war ein Anhänger der Lehre von der allein Werte schaffenden Kraft der Landwirtschaft, der sogenannten Physiokratie; Georg III. ließ sich als Farmer Georg feiern. Alle Welt, vom Fürsten herab bis zu vielen Bauern, nahm jetzt an der Durchsetzung agrikultureller Fortschritte und verfassungsrechtlicher Reformen Anteil.

Aber der Fortschritt, von dem die Lehr- und Handbücher der Agrargeschichte im einzelnen berichten[24], darf auch nicht überschätzt werden. Wohl setzte sich die sogenannte verbesserte Dreifelderwirtschaft, die Stallviehhaltung, ein verstärkter Futterbau und noch manches andere durch. Auch wuchsen die Ackerflächen, aber gerade die Inkulturnahme von "Grenzböden", die hiermit verbunden war, zwingt zu dem Schluß, daß die wachsende landwirtschaftliche Produktion nicht von entsprechenden Fortschritten der Produktivität der im Landbau eingesetzten Boden-, Arbeits- und Kapitaldienste begleitet war. Sie war ein Ausdruck nur der wieder wachsenden Spannung zwischen Bevölkerung und Bodenraum. Sie kam den Nutznießern des Landbaues, den Empfängern der "Grundrente", zugute, nicht aber der Gruppe derjenigen, die auf die Verwertung ihrer Arbeitskraft angewiesen waren.

Doch dies ist eine Betrachtung, die einen langen Zeitraum zusammenrafft, ein Blick gleichsam aus der Vogelschau (des Historikers). Es bleibt die Frage, wie es in den Tagen, Monaten, Jahren, die vor

Menschen erlebt und erlitten wurden, um die Versorgung bestellt war. Das hing entscheidend vom *Ausfall der Ernten* ab.

III. HUNGERKRISEN

1. Der Wechsel der Ernten und seine Wirkungen in der vorindustriellen Wirtschaft

Daß die Ernten wechseln, lehrt die Erfahrung. Es scheint ein Naturgesetz zu sein, daß unabänderlich auf gute Ernten schlechtere folgen. Doch gelang es bisher nicht, eine bestimmte *Periodizität* der Ernteschwankungen festzustellen, obwohl es an Bemühungen wahrlich nicht fehlte. Seitdem die Bibel von sieben "fetten" und sieben "mageren" Jahren sprach, hat man die Jahrhunderte hindurch versucht, dem Rhythmus der Ernten auf die Spur zu kommen. Schlichte Bauernregeln standen am Anfang, Statistiker folgten. Ökonomen des 18. Jahrhunderts glaubten festgestellt zu haben, daß alle zehn oder alle sieben Jahre ein "abschlägiges" Jahr eintreffe. Statistiker des 19. Jahrhunderts konstruierten eine Beziehung zwischen dem Ernte– (und Industrie–) Zyklus und der periodisch schwankenden Sonnenfleckenhäufigkeit, und seitdem wurden noch viele Erscheinungen überprüft, von denen Aufschluß erhofft wurde, so die Preise des Getreides, die Schwankungen des Regenfalles, der Temperatur, des Luftdrucks, der Windstärke, der Windrichtung, der Bewölkung, der Überschwemmungen der Flüsse und der Oszilationen der großen amerikanischen Seen. Das sichtbarste Ergebnis dieser Bemühungen ist (bisher), daß es kaum noch eine Zahl zwischen 3 und 35 Jahren gibt, die nicht von dem einen oder anderen Forscher für die Länge eines Witterungs- oder Erntezyklus beschlagnahmt wurde. Das läßt nur den Schluß zu, daß, wenn überhaupt die Erträge der Ernten in zeitgebundenem Rhythmus schwanken, dieser Rhythmus sich aus vielen und verschiedenen, einander bald verstärkenden, bald schwächenden Einzelbewegungen zusammensetzt. Angesichts der sehr verschiedenen Ursachen und Bedingungen, die auf das Ernteergebnis einwirken — verschieden auch nach Klimazonen, Bodennutzungsformen, dem Auftreten von Pflanzenschädlingen und dergleichen mehr — , braucht dies auch nicht weiter zu verwundern.

Über die *Wirkungen* der Ernteschwankungen auf die Preise und damit auf den Geld- und Güterkreislauf der Wirtschaft brachte bereits Gregory King, ein englischer Statistiker des 17. Jahrhunderts, einige Hinweise. Er meinte, daß die Getreidepreise überproportional und progressiv zu den Erntemengen zu steigen und zu sinken tendierten (woraus sich die früher viel berufene sog. Anomalie der Getreidemärkte erklärte, daß eine kleinere Ernte eine größere Wertsumme als eine größere Ernte darstellte). Das hatte erhebliche Bedeutung für die landwirtschaftlichen Betriebe und die städtischen Haushalte, wenn auch bedacht werden muß, daß nicht die ganzen Ernten zum Verkauf gelangten und nicht der gesamte Bedarf der städtischen Haushalte durch Einkauf gedeckt werden mußte. Aber da — entgegen weit verbreiteten Vorstellungen — die landwirtschaftlichen Betriebe und die Verbraucherhaushalte bereits seit dem Hochmittelalter zu erheblichen Teilen in den Markt integriert waren, zeitigten die Ernteschwankungen auch über die Preise des Getreides weitreichende Wirkungen in der vorindustriellen Wirtschaft und Gesellschaft. Dafür werden noch Beispiele gebracht werden.

Nun hingen solche Wirkungen freilich auch noch von anderen Umständen ab, auf die hier, soweit sie das Thema berühren, noch kurz hingewiesen sei. Das waren (1.) die Pufferungen in den Haushalten, die durch die Einkommen (und Vermögen) der Haushaltsträger gegeben waren. In aller Kürze: Der Reiche konnte in Hungerjahren auch noch die Meute seiner Jagdhunde mit Getreide füttern, während der Arme vielleicht verhungerte. Das waren (2.) die Pufferzonen in den landwirtschaftlichen Betrieben, die wesentlich - wenn auch nicht allein - von der Größe der Betriebe abhingen. Je kleiner die Betriebe, desto schneller verwandelte sich ein Überschuß der Ernten in einen Unterschuß, der in extremen Fällen sogar dazu zwang, das Saatgetreide, das für die nächste Ernte bestimmt war, zu verzehren. Daraus und aus der Intensität der Ernteschwankungen erklärt sich auch die Tatsache, daß Hungersnöte in allen Jahrhunderten und in allen Landschaften, den dichter und den dünner besiedelten, in Zeiten sowohl ansteigender als auch ab schwellender Bevölkerung auftraten. Sie fehlten nicht im Spätmittelalter, dem Zeitalter der "Wüstungen", und nicht im ausgehenden 17. und beginnenden 18. Jahrhundert, obwohl in dieser Zeit nun auch schon (3.) der Handel und in einigen Ländern und Territorien auch bereits die Wirtschaftspolitik der Landesherren und Städte für einen Ausgleich der "fetten" und der "mageren" Jahre sorgten.

Aber viertens (und letztlich) müssen auch die säkularen Wechsellagen der Preise und der Einkommen der unteren Bevölkerungsschichten beachtet werden. Wenn die Preise abwärts (und die Löhne aufwärts) gerichtet waren, mußten die gleichen Ernteausfälle andere Wirkungen zeitigen als in Zeiten, in denen die Preise aufwärts (und die Löhne abwärts) tendierten. Eben diese Tendenz war aber im 16. und, wie soeben gezeigt werden konnte, auch im ausgehenden 18. Jahrhundert zu beobachten. Darum empfiehlt es sich, einen Augenblick innezuhalten und einige der Teuerungskrisen dieser Jahrhunderte noch genauer ins Auge zu fassen. An Wahlmöglichkeiten fehlt es nicht. Das läßt sich für das 16. Jahrhundert bereits aus dem Bild auf S. 25 erkennen, in dem die Jahre der niedrigsten Kaufkraft der Bauarbeiterlöhne die Jahre der höchsten Getreidepreise spiegeln (um 1530, 1540, 1550, 1560, 1570 usw.). Für das 18. Jahrhundert gilt ähnliches. Es seien die Jahre 1571/74 und 1771/72 herausgegriffen. Sie zeichnen sich zwar durch besonders starke Preissteigerungen aus, aber ähnliche Krisen- und Hungerjahre gab es in großer Zahl, wenn auch in wechselnder Stärke, durch viele Jahrhunderte hindurch bis an die Schwelle unseres Zeitalters.

2. Eine Krisis des 16. Jahrhunderts (1571/74)

Im Jahre 1571 erschien in Zürich ein Büchlein des Pfarrers und Philosophen Lavater, das den Text von drei Predigten über "Teuerung und Hunger" enthält[25]. Wie so viele seiner Zeitgenossen, führte er die Teuerungen letzlich auf Gott zurück, der die Menschen durch sie zur Buße für ihre Sünden auffordere, doch unterschied er sich von anderen dadurch, daß er in größerer Breite auch die weltlichen Ursachen der Teuerungen untersuchte, unter denen er die Unbilden des Wetters und die Pflanzenschädlinge voranstellte, und die Teuerungen gliederte. Er unterschied die gewöhnliche Teuerung (da alles, was der Mensch zum Leben brauche, auf das Doppelte und Dreifache aufschlage) und den Hunger (da Speis und Trank auch für viel Geld nicht mehr zu kaufen sei), und überdies noch die besondere Teuerung (da etwa nur ein Dorf, ein Flecken, eine Stadt oder Gegend allein Mangel habe, während andere sich besser ständen) und die gemeine: "Gemeine (Teuerung) nenne ich, da durch alle Land hinweg gemeinlich die Frücht gesucht sind, wie jetzt".

Lavater war gut unterrichtet. Was ihm seine Zeitgenossen aus fremden Landen berichteten, wurde durch die neuere preisgeschichtliche Forschung bestätigt. Die Teuerung, die zu Beginn der 1570er Jahre entstand, war eine "gemeine". Sie erstreckte sich vom fernen Moskau über das mittlere Europa bis nach Spanien und Italien. Eine Zeichnung versucht dies festzuhalten, wobei so vorgegangen wurde, daß die niedrigsten und die höchsten Jahresdurchschnittspreise des Preiszyklus, der die Teuerung umschloß (1563—1576), miteinander verglichen wurden. Die höchsten Jahresdurchschnittspreise für Getreide (Weizen im Westen, Roggen im übrigen Europa, für Polen ersatzweise Hafer) wurden in v.H. der niedrigsten Jahresdurchschnittspreise eingetragen; die Jahreszahlen, die noch hinzugefügt wurden, geben die Jahre an, in denen die niedrigsten und die höchsten Preise notiert wurden[26].

Das Bild (S. 39) läßt neben der allgemeinen Teuerung, die Lavater ansprach, ein Gefälle der Preise erkennen. Quer durch das mittlere Europa zog sich eine Zone maximaler Preissteigerungen. Sie setzt (im Bild) bei Lemberg an und endet bei Orléans. In dieser breiten Zone, die nur aus graphischen Gründen nicht noch dichter mit Zeichen und Zahlen besetzt wurde, betrug die Preissteigerung gemessen in Jahresdurchschnittspreisen, das Vier— und noch Mehrfache der Niedrigstpreise des Zeitraumes. Dagegen erreichten an den Küsten der Ost— und Nordsee nebst ihrem Hinterland die Preise nur etwa das Doppelte ihres Ausgangsstandes, in Danzig und London nicht einmal dies. Ähnlich niedrige Raten finden sich auch bei den im Bild aufgezeigten spanischen, südfranzösischen und oberitalienischen Städten. Die Erklärung liegt auf der Hand. Über die Meere hinweg war ein Ausgleich zwischen Not und (relativer) Fülle leichter möglich als im Binnenland, zumal im Hinterland der Ostsee sich bereits eine Getreideproduktion in großem Stil entfal-

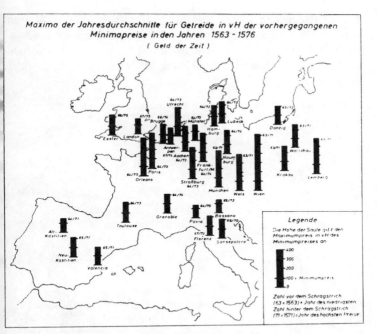

tet hatte, die auch in den Notjahren — nach vorübergehender Stockung — Getreide noch für den Export abwarf.[27]

Interessanter aber noch ist die innere Struktur der Krisis. Einen ersten Einblick gewähren die Preise und die Löhne. Ausgewählt wurden zwei Orte, die sich durch ihre Lage unterscheiden: die Stadt Augsburg, die nur auf Fluß— und Landwegen zu erreichen war, und Hamburg[28]. Die Graphik S. 40 zeigt nochmals, daß die Getreidepreise an der Küste weniger stark als im Binnenland stiegen, doch weiter auch, daß im Verhältnis zu anderen Preisen sich die gleichen Streuungen einstellten. Die Preise der "feineren" Nahrungsmittel, die höhere Genuß—, aber geringere Nährwerte (je Geldeinheit) enthielten, wie insbesondere das Fleisch, blieben im Preise zurück. Das gleiche gilt für Textilien, Brenn— und Baustoffe, und nicht viel höher erhoben sich die Löhne. Die Zimmerer und die Maurer, die Schnitter, die Drescher und die Mägde erhielten kaum mehr, als sie in den Niedrigstpreisjahren empfangen hatten. Damit zeichnet sich in Umrissen auch bereits die Lösung des Rätsels der streuenden Linien ab: Die Kaufkraft der breiten Massen wurde in den Teuerungsjahren von den Nahrungsmitteln aufgesogen. Für die Güter des "gehobenen" Bedarfes, wozu in den Notjahren bereits Fleisch und die Kleidung gehörten, blieb wenig oder nichts mehr übrig.

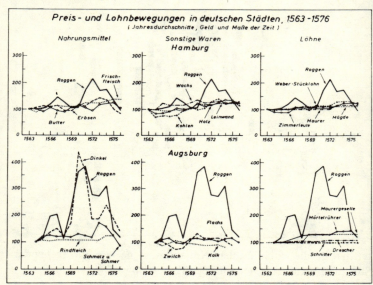

Darum stockte auch der Absatz vieler Gewerbe, und von hier aus ergab sich noch ein zusätzlicher Druck auf die Realeinkommen der Mittel- und Unterschichten der städtischen Bevölkerung. Ludwig Lavater, der erste Systematiker der Teuerungskrisen auf Predigerkanzeln, beschrieb die *Arbeitslosigkeit*, die in Teuerungsjahren zu entstehen pflegte: "Es geschieht gemeinlich in den Teuerungen, daß arme Taglöhner und Handwerksgesellen nichts zu werken finden. Denn die, so sie sonst anstellten, die behelfen sich mit ihrem Völkli und sonst, wie sie mögen, um minders Kosten willen".[29] In Augsburg entstand in diesen Jahren ein Gedicht, daß zwar nicht zu den großen Schöpfungen der Dichtkunst gehört, dafür aber die Not in dieser noch reichen Stadt recht plastisch schildert. Aus den rund 1500 Versen, die der Autor[30] zustande brachte, seien einige bezeichnende Stellen zitiert.

Als im Sommer 1570 "Wein, Getreid und Korn trefflich aufschlugen", beobachtete der Verfasser, daß die "Wollherren", das waren Verleger und Fabrikanten von Textilwaren, und die anderen Bürger, die Arbeiten zu vergeben hatten, Aufträge kürzten:

> "Welcher im Sinn hätt, was zu bauen,
> den hätt es jetzt nit[31] bald gerauen,
> zog sich auf das genauest ein,
> bracht mannichem Handwerksmann groß Pein."

Das war der Anfang. Dann kam der Winter 1570/71. Er war kalt und schneereich. Ausgejagte Dienstmägde und Lehrbuben bettelten in Lumpen von Haus zu Haus und vor der Kirche:

> "Viel nackend vor den Kirchen stunden,
> oft die Scham kaum decken kunden.
> Man gab in mannichem reichen Haus
> an gewissen Tagen Pfennig aus.
> Herr Gott, wie war allda ein Meng,
> ein Zank, Zerflen[32] und Gedräng".

Auch auf dem Lande fehlte es an Arbeit und Brot. Da es sich in den Dörfern und Weilern herumgesprochen hatte, daß man in der Stadt "so barmherzig war, liefen sie mit Haufen dar, mit Weib und Kind in großer Summe". Der Obrigkeit gefiel der Ansturm des Landvolks nicht:

> "Deshalb man Rodler[33] auf sie richt,
> die ihnen, wa sie sy ankamen[34]
> was sie erbettelt hätten, nahmen,
> stießen sie zu dem Tor hinaus,
> sie aber blieben drum nit draus,
> kamen mit Stitzen, Gablen, Stangen,
> Schneggen[35] und anderer War gegangen".

Man erfährt auch einiges über die Speisen in diesen Jahren. Der Autor berichtet, daß man sich mit Rüben, Nesseln, Kraut und Gras, wovon selbst die Schweine krank wurden, behalf. Auch hätte man gefallenes Vieh und Kälber, die vor der Zeit geboren, gegessen. Aber der Hunger blieb:

> "Ich hab selbst viel Kinder gesehen,
> denen der Leib heraus tät gan,
> kunnten weder sitzen noch stan,
> sie lagen elend auf der Gassen,
> drei, vier beieinander saßen,
> ihre Eltern hätten sich verborgen,
> und mußten auf die Rodler sorgen,
> die ihnen täten viel zu Leid.
> Alt, jung, gesund, krank ohn Unterscheid
> warfen sie da mit großer Zwangnuss
> in elend, stinkende Gefängnuss
> in finster Türen und Gewölb".

Nun wäre es aber falsch, die Notstandsaktionen der Städte[36] nur in der Abwehr hungernder Landbewohner, in Polzeiaktionen und schweren Gefängnisstrafen für den Diebstahl zu sehen, zu dem die Not des Hungers zwang. Es fehlte auch nicht die "Barmherzigkeit", die der Augsburger Poet ansprach. Neben privaten Spendern und gemeinnützigen Stiftungen, die gerade in süddeutschen Städten zahlreich und mit nicht geringen Mitteln ausgestattet waren[37], gab es die Hilfen der städtischen Gewalten. So soll die Stadt Augsburg nur für den Getreideeinkauf und den Fuhrlohn in den 13 Monaten vom 3.4.1570 bis 3.5.1571 58 000 Gulden aufgewandt haben. Hinzu kamen in dieser Notzeit Geldzuwendungen an bestimmte Gruppen der Armen, verlorene Zuschüsse nebst unverzinslichen Darlehen an Metzger, Erweiterungen der Verpflegungs- und Versorgungseinrichtungen, Ausgabe verbilligten Getreides u.a.m.. Auch übernahm die Stadt Augsburg die Herstellung von Brot in eigene Regie. Sie ließ auf dem Herrenhof wöchentlich über 23 000 Achtpfenniglaibe zu je 3/4 Pfund herstellen, 25 Monate lang. Mit der Ausgabe dieses Brotes wurden Vertrauensleute des Rates und die Unterhauptleute der Stadt betraut. Wer sich nicht mehr aus eigenen Kräften ernähren konnte, erhielt Brotzeichen, die zum Empfang des verbilligten Brotes berechtigten[38]. Ähnliches hört man aus Nürnberg. Der Rat der Stadt Nürnberg ließ im Marstall und in einigen anderen Häusern Brot backen, für das er verbilligtes Getreide zur Verfügung stellte. In Laiben von vier Pfund Gewicht wurde das Brot gegen Vorzeigen von Brotzeichen an die Bedürftigen abgegeben, zunächst zweimal in der Woche, später nur noch einmal. Genaue Kontrollen sollten die Bedürftigen sieben, und strenge Strafen drohten demjenigen, der das empfangene Brot weiterverkaufte oder gar die Zeichen nachmachte[39].

Aber das Ausmaß der Hilfen muß auch an der Größe der Not gemessen werden, und da fragt sich doch sehr, in welcher Breite und Tiefe die Hilfe durchschlug. Nimmt man Nürnberg als Beispiel und einen Arbeiter, der das Glück hatte, auch in den Hungerjahren noch Arbeit zu finden, so zeigt sich folgendes: Im Jahre 1565 konnte der Mann mit seinem Tagesverdienst von 24 Pfennigen rund 6 kg Brot kaufen, einige Jahre später nur noch 1,3 kg[40]. Davon konnte keine Familie mehr satt werden. Berücksichtigt man noch die vielen anderen, die vergeblich um Arbeit oder Almosen baten, so werden auch die hohen Sterbezahlen verständlich. Ein Nürnberger Chronist berichtete[41], daß nicht allein in Nürnberg, sondern auch "an fast allen Orten ein ziemliches Sterben" gewesen sei und "etliche Häuser ganz ausstarben". Das läßt sich auch noch belegen: In Augsburg starben im Durchschnitt der Jahre 1567/70 1 613 Menschen, im Jahre 1571 2 971 und im Jahre 1572 3 305 [42]. In Stuttgart wurden im Durchschnitt der Jahre 1567/70 199 Sterbefälle gezählt, 1571 310 und 1572 702, also mehr als das Dreieinhalbfache der vorangegangenen Jahre[43].

Soviel zu der Not in den Städten. Es fragt sich, wie es auf dem Lande ausschaute, wo doch die große Mehrzahl der Menschen noch hauste. Die Berichte der Zeitgenossen klingen ärger noch als die Berichte aus den Städten. Von Barnabas Holzmann, dem Augsburger Maler und Poeten, hörte man (oben S.41), daß das Landvolk in Scharen vor den Toren Augsburgs zusammenlief und um Brot und Arbeit bettelte, die auf dem Lande nicht mehr zu gewinnen waren. Ein anderer Augsburger Bürger berichtete, daß "oben im Land" die Menschen vor Hunger und Schwäche nicht mehr hätten gehen können und viele Personen dort Hungers halber gestorben seien[44]. In einer Thüringer Chronik ist zu lesen, daß im Jahre 1571 "der Kornkauf von Tag zu Tag heftig gestiegen, dadurch denn groß Jammer und Elend unter den armen Leuten erfolget..., daß auch der Armen Kinder vor großem Hunger das junge Laub von den Bäumen gegessen haben..."[45].

Doch muß man unterscheiden: Es gab auf dem Lande die "Landarmen", die wenig oder gar kein Land besaßen. Mit Spinnrocken und Webstuhl, mit Axt, Schaufel oder Fuhrwerk gingen sie einem Erwerb nach, der in den Notjahren versagte. In ähnlicher Lage wie sie befanden sich die Handwerker, Krämer, Hausierer, die für ihre Waren keinen Absatz fanden. Gemeinsam war beiden Gruppen, daß sie auf einen Zuerwerb angewiesen waren, weil — und insoweit — die Landnutzungen, über die sie vielleicht verfügten, auch bei guten Ernten nicht hinreichten, die Familien zu ernähren. Über ihnen stand, von der Landwirtschaft her gesehen, eine Gruppe von "Mittelbauern", deren Äcker und Viehhaltung auch bei Mißernten noch für die Eigenversorgung hingereicht hätten, wenn diese Bauern nicht in aller Regel mit Diensten und Abgaben, Vorkaufsrechten der Grundherren und anderem Beschwer so sehr belastet gewesen wären, daß auch ihnen selbst in guten Jahren kaum das Nötigste blieb[46]. Noch über ihnen stand die Gruppe der Großbauern vom Typ des dithmarser Marschbauern, des westfälischen Schulten oder des preußischen Köllmers. Falls ihre Besitzungen so groß und ihre Abgaben so gering waren, daß die Erträge hinreichten, auch in Notjahren noch einiges zu verkaufen, mochten die hohen Preise solcher Jahre das geringere Verkaufsprodukt in den Erlösen kompensieren.

Befragt man nun aber die Nachrichten, die vom Getreideeinkauf der Städte vorliegen, so erscheinen doch nur selten Bauern als Partner der städtischen Einkäufer. In aller Regel waren es die "Herren" weltlichen oder geistlichen Standes, Personen oder Institutionen, die Getreide auch in den schlimmsten Zeiten noch abzugeben hatten. So kaufte die Stadt Augsburg 1571 Getreide bei den Deutsch–Ordensmeistereien in Frankfurt a.M. und Mergentheim[47]; Basel handelte 1572 beim Johanniterorden in Heitersheim (Breisgau), Zürich im gleichen Jahr beim Bischof von Langres Getreide ein[48]. Die Stadt Eßlingen versuchte, bei adligen Grundherren im württembergischen Territorium Korn einzukaufen und erhielt eine Absage nur deshalb, weil die Landesherrschaft die Getreideausfuhr aus Württemberg verboten hatte[49].

Wenn die Frage gestellt wird, wohin das viele Geld floß, das in den Notjahren für Nahrungsmittel ausgegeben werden mußte, wird die Antwort lauten müssen: Nur zum geringsten Teil zu den oft angeklagten Bäckern, Müllern und Getreidehändlern, zum weitaus größeren Teil in die Kassen der Interessenten des Landbaues und hier wiederum mit weitem Vorrang zu den Herren oder Einrichtungen, die über Land und Leute geboten. Das läßt sich schon den Größenordnungen ablesen, die zur Beobachtung anstehen, doch sei auch hierfür noch ein Beispiel gebracht. Es betrifft die Einkünfte der Gutsherrschaft Apelern im Weserraum (Bild unten). Die Einkünfte dieser Herrschaft, die aus dem Gutsarchiv ermittelt werden

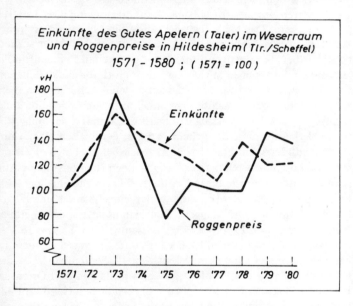

konnten[50], stiegen in den Jahren, als ringsum auf dem Lande und in den Städten die Menschen hungerten (und sie fielen, als die Preise wieder sanken). Die Gründe sind leicht zu erkennen, wenn auf die Art und die Struktur der gutsherrschaftlichen Einnahmen gesehen wird. Sie setzten sich (nach einem Anschlag vom Jahre 1594) zu 52 v.H. aus "stehend" Zins— und Zehntkorn zusammen, zu 11 v.H. aus Diensten der Meier und Köter, zu 12 v.H. aus Pachtzinsen und anderen Abgaben und zu 25 v.H. aus den Erträgen der Eigenbetriebe. Es dominierten also die Einnahmen, die weniger vom Ausfall der Ernten als von den Preisen der Produkte berührt wurden, mit anderen Worten: Die Last der Mißernten wurde auf die Bauern und — über die Preise — auf die Städter abgewälzt.

3. Eine Krisis des 18. Jahrhunderts (1771/72)

Zwei Jahrhunderte sollten übersprungen werden. In dieser Zeit geschah vieles, was auch den Gegenstand berührt, der hier behandelt wird. Landwirtschaftliche Techniken und Fruchtfolgen, Viehhaltung und Gartenbau waren vervollkommnet worden. Der Handel überbrückte nunmehr auch im Binnenland größere Strecken; die Landesherren waren eifriger bemüht, die Versorgung ihrer Untertanen zu sichern. Das Musterbeispiel schon für die Zeitgenossen bot die Getreidehandelspolitik und Kriegsmagazinverwaltung Preußens[51]. Aber die günstigen Einkaufsmöglichkeiten Preußens in Polen und die erheblichen Mittel, die Friedrich II. für die Verbilligung von Brotgetreide aufwandte, standen anderen Landesherren nicht zur Verfügung. So versuchte man andernorts auch noch auf anderen Wegen, der Not zu begegnen. Es ist das Zeitalter des vollentfalteten Merkantilismus, der geheimen Räte, der Vielschreiberei und Reglementiererei. Im Stadtarchiv Ansbach befindet sich ein Band, der eine Zusammenstellung der "Allgemeinen Hochfürstlichen Ausschreiben und Verordnungen" enthält, "die in diesem hochlöblichen Fürstentum zur Abwendung der eingerissenen unerhörten Getraid—Teuerung und Mangels, dann daraus entstandenen großen Not, ... von anno 1770 — 1773" erlassen wurden. Es sind 16 Verordnungen von unterschiedlicher Länge und sehr verschiedenem Inhalt. Sie beginnen mit einem Dekret vom 14. September 1770, daß man sich "der in der Residenz als übrigen Städten und Orten des Fürstentums entbehrlichen großen und schädlichen Hunde entledigen" solle, anderenfalls die Hunde totgeschlagen werden sollen. Sie enden mit einer Verordnung vom 2. Dezember 1772, die auf 14 Seiten in Folio—Format noch einmal zusammenfaßt, was die Regierung als die Ursachen der Teuerung ansah (verbotene Ausfuhren, Vor— und Aufkäuferei, mangelnde Vorsorge der Gemeinden u.a.m.) und was im einzelnen verordnet worden war und nun nochmals eingeschärft wird, darunter auch eine Verordnung zur Ausrottung der Sperlinge mit der Maßgabe, daß jeder Untertan dieses Fürstentums in Städten und auf dem Lande "jährlich 6 Spatzen—Köpf zu seinem Amt liefern, diejenigen aber, welche sich hierunter säumig oder ungehorsam erzeigen würden, davor zur etlich—tägigen Strassen—Reparations—Arbeit angehalten und kein Geld davor genommen werden soll".

Doch hatten sich die Grundzüge der Teuerungskrisen nicht verändert. Dafür möge ein Bericht aus den Jahren 1771/72 zeugen, der wieder mit einer Graphik begonnen wird. Sie enthält die Maxima der Jahresdurchschnittspreise für Getreide in vom Hundert der vorhergegangenen Minimapreise für den Erntezyklus der Jahre 1760 – 1774 (Bild unten). Wieder heben sich zwei Zonen geringeren Preisanstieges ab, die erste im südlichen Europa längs der Mittelmeerküsten Frankreichs und Italiens, die andere an den Küsten der Ost– und Nordsee von Danzig über Hamburg, Amsterdam, Antwerpen bis nach London und Exeter in England, und wieder erstreckte sich

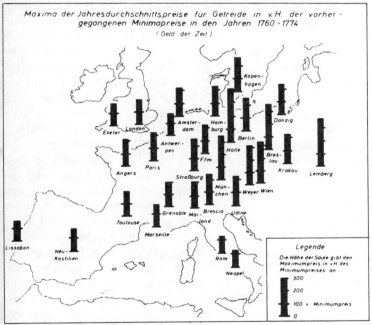

auch die Zone höchster Preise quer durch Europa von Lemberg über Wien und Breslau, Halle, Straßburg und weiter nach Westen. Das läßt sich durch die geringeren Kosten der Wasserfracht und die alteingefahrenen Verbindungen erklären, die zwischen den Häfen bestanden.

Doch ist auch dies Bild noch aus "zu großer Höhe" gesehen. Es bedarf der Ergänzung. Es konnten nicht die kurzfristigen Schwankungen und nicht die kleinräumlichen Differenzierungen der Preise aufgenommen werden. In einigen Orten des *Erzgebirges* stieg der Preis des Scheffels Roggen vom Frühjahr 1770 bis zum Frühsommer 1772 auf über das Zehnfache (von 1 Taler 4 Groschen auf 14 Taler), der Preis für ein Sechspfundbrot auf das Sechsfache (von 2 Groschen auf 12 Groschen). Der Wochenlohn eines Bergarbeiters betrug 24 Groschen, womit er in guten Jahren 12 Sechspfundbrote kaufen konnte. Schon dies reichte kaum hin, um die zumeist kinderreichen Familien zu ernähren, so daß bereits die zehnjährigen Knaben als Bergjungen, die Mädchen in der Heimarbeit mithelfen mußten. Da die Arbeitsentgelte sich in den Teuerungsjahren kaum veränderten, schrumpfte die Kaufkraft des Bergarbeiterlohnes auf zwei Sechspfundbrote die Woche und, was vielleicht noch ärger war, blieb auch der Nebenverdienst der Frauen und Kinder aus. Ein Pfarrer, der im Herbst 1772 einige Orte im Erzgebirge besuchte, berichtete[52]: "Ich habe das Elend gesehen ... Die meisten Einwohner sind so notdürftig gekleidet, daß sie ihre Blöße nicht bedecken können, ihre Wohnungen von allem Hausgeräte, ihr Lager von Betten leer ... Viele Häuser, die ausgestorben waren, sind von ihren Nachbarn eingerissen, und das Holz verbrannt worden, um ihr und ihrer Kinder Leben auf einige Tage zu fristen ... Viele wissen über keine Krankheit und Schmerzen zu klagen, aber geschwollen, keuchend, ganz verschmachtet taumeln sie umher, vermutlich sind ihre Eingeweide zusammengeschrumpft. Nur erst vor 14 Tagen hatte man in der Gegend von Eibenstock zwei Kinder, die in den Wald gegangen waren, um sog. Schwarzbeeren zu holen, auf der Straße aus Mattigkeit umgefallen und tot gefunden".

Man mag dem Pfarrer einiges zugute halten, der von Gefühlen überwältigt war. Darum sei jetzt noch der nüchtern–sachliche Bericht eines Mediziners eingefügt, den mehr die physische Seite des Leidens, die Krankheiten und ihre Ursachen, interessierten[53]. Der Bericht führt in das *obere Eichsfeld*, wo der karge und steinige Boden nur geringe Erträge abwarf, aber einige unternehmende Händler und Verleger eine umfängliche Textilindustrie in das Leben gerufen hatten. Der Physikus, eine Art Amtsarzt für das Obereichsfeld und die Stadt Heiligenstadt, unterschied und beschrieb drei Krankheiten, ein "epidemisches Fieber", die Pocken und eine von ihm "Geschwulst" genannte Krankheit, die er anhand einiger Leichenfunde noch "zergliederte" (was für den Laien zu grausig klingt, als daß es hier in den Worten des Arztes wiedergegeben werden könnte). Als die entscheidenden Ursachen für "Fieber" und "Geschwulst" sah er die Armut der Menschen an, die er auf die Teuerung der Lebensmittel und den Mangel an Arbeit und Beschäftigung zurückführte. Hier sein Bericht in kurzem Auszug (a..a.O., S. 32): "Ich werde nie anders als mit Schauer an das Elend unserer Lande, an den kummervollen, kläglichen, grausamen Zustand unserer Einwohner denken können. Die Patienten lagen ohne Hoffnung; Heu, Grummet, Gartenfrüchte, Gemüse, Obst waren verdorben; jämmerlich sah der Landmann seinen sauren Schweiß bei der Ernte vereitelt; Ströme des Unglücks und das schrecklichste unter ihnen, der Hunger, wütete über die Unglücklichen. Man sah die Früchte auf dem Halme ausgewachsen; unzeitig und bei dem Ofenfeuer halb getrocknet mußten sie schon der verhungerten Armut zur stillenden Nahrung dienen ... Alle Kommerzien erlagen; die geldlosen Zeiten versagten den Genuß des Brotes, und das etwa um vier gute Groschen gekaufte war nicht für eine Person, geschweige für eine ganze Familie zur Ersättigung hinreichend. Denn es war keine Nahrung in dem lieben Brot. Kein Wunder also, daß diese Elenden, um das armselige Leben zu erhalten, auf viehische und naturwidrige Speisen, ich verstehe darunter den Gebrauch des Grases, der Disteln, schädlicher Köhlen, Kleienbrei, geröstete Haferpreu, Wicken und andere heiße Früchte, verfallen mußten. Ja die Not zwang sie endlich selbst sogar auf jene den Füchsen zur Fütterung dienende Kost".

Die Armen selbst kamen aus begreiflichen Gründen nur selten zu Wort. Doch gibt es Ausnahmen, eine wesentliche in der Schrift des Ulrich Bräker "Der arme Mann in Toggenburg", wiederholt aufgelegt, zuletzt noch Tübingen 1948. Ulrich Bräker, ein kleiner Garnvarenhändler, schilderte die Not zu Beginn der 70er Jahre des 18. Jahrhunderts in seinem Schweizer Heimatort: "Ich hatte fünf Kinder und keinen Verdienst, ein bißchen Gespunst ausgenommen. Bei meinem Händelchen büßt ich von Woche zu Woche mehr ein ... Mein kleiner Vorrat von Erdäpfeln und anderem Gemüs' aus meinem Gärtchen, das mir die Diebe übriggelassen, war aufgezehrt, ich mußte mich also Tag für Tag aus der Mühle verproviantieren; das kostete am End' der Woche eine hübsche Hand voll Münze nur für

Rotmehl und Rauchbrot ... Die Not stieg um diese Zeit (Winter 1770) so hoch, daß viele eigentlich blutarme Leute kaum den Frühling erwarten mochten, wo sie Wurzeln und Kräuter finden konnten. Auch ich kochte allerhand dergleichen, und hätte meine jungen Vögel noch lieber mit frischem Laub genährt, als es einem meiner erbarmungswürdigen Landsmänner nachgemacht, dem ich mit eigenen Augen zusah, wie er mit seinen Kindern von einem verreckten Pferd einen ganzen Sack voll Fleisch abhackte, woran sich schon mehrere Tage Hunde und Vögel satt gefressen hatten ..."
Genug von solchen Elendsschilderungen. Sie wiederholen sich nun in vielleicht (den Leser) ermüdender Folge. Darum sei jetzt ein kurzes Bedenken eingeschaltet, das der Frage gelten soll, wohin diese Schilderungen führten. Es waren (die Schweiz, das Erzgebirge, das obere Eichsfeld) gewerblich durchsetzte Kleinbauerngebiete. Teils waren hier die Bauernstellen durch Teilungen auf Nebenerwerbsnahrungen abgesunken, teils waren solche Stellen auf minderwertigen Böden (Grenzböden) als Arbeiter—Bauernstellen errichtet worden. Ein Zusatz — oder nichtlandwirtschaftlicher Haupterwerb hielt die Menschen am Leben. Spinnen, Weben, Arbeit im Bergbau, Holz— und Fuhrgewerbe, Krämerei und mancherlei Handwerk ergänzte die aus Acker, Viehstall und Gärtchen gewonnene Nahrung. An solchen relativ dicht besiedelten Gebieten fehlte es nicht in deutschen Territorien (und darüber hinaus), und in allen diesen Gebieten war die Not besonders groß. In Preußisch—Minden, wo der Absatz der Leinen— und Garnindustrien stockte, fehlte der Bevölkerung selbst das Geld, um das von Friedrich II. bereitgestellte verbilligte Brotkorn zu kaufen[54]. In Schlesien, Böhmen und Mähren litten die Weber schlimme Not. Der von Wien dorthin ausgesandte Freiherr von Kressel fand, daß die Weber in den Gebirgsgegenden und die Tuchmacher in den Städten bis zu 80 v.H. arbeitslos und ohne Beschäftigung waren: Sie bettelten, gingen nachts unter die Fenster singen, aber viele lagen auch in ihren verschuldeten Häusern ohne Betten auf Stroh und wünschten die Pest herbei, um von ihrem Elend befreit zu werden ("so daß die Geistlichkeit sie davon abmahnen mußte")[55].

Die Gewerbe versagten in diesen Notjahren. Die Kaufkraft der Städter, die ihre Produkte aufnehmen sollte, wurde durch die Teuerung der Lebensmittel aufgesogen: "Die Meister feiern, die

Gesellen bekommen ihren Abschied. Die Lehrjungen gehen spazieren. Die Arbeiter stehen müßig. Die Werkstätten liegen still. Die Handwerker sehen sich um nach Arbeit und die Professionen nach Verlegern. Die Kaufleute suchen neue Freunde, weil sie von den alten viele verloren haben ...". So heißt es in einem Bericht aus süddeutschen Städten vom Jahre 1771[56].

Aber damit sei nun auch dem letzten Zeitgenossen noch das Wort entzogen. Statt weiterer Schilderungen, die sich in der jetzt schon reichlicher fließenden Literatur leicht noch finden ließen, seien wieder einige Zahlen gebracht. Sie sind nüchterner und spiegeln im herangezogenen Fall auch nicht so extreme Verhältnisse wie in den "Großstädten", vermitteln aber doch Aufschlüsse, die aus Worten allein nicht zu gewinnen wären. Sie stammen aus Göttingen, einer der vielen Mittel- oder Landstädte der Zeit, die so leicht aus dem Blickfeld der Historiker verschwinden. Göttingen, damals ein Städtchen von rund 9 000 Einwohnern, war trotz solcher geringen Einwohnerzahl doch wie jede andere Stadt in ähnlicher Größe bereits auf Zufuhr von Getreide angewiesen[57]. Im Jahre 1770 blieben die "zum feilen Verkauf zum Markt" gebrachten Weizen- und Roggenmengen um fast genau die Hälfte (52 v.H.) hinter dem Durchschnitt der Jahre 1765 – 69 zurück. Die Preise stiegen sprunghaft und blieben hoch, obwohl im nächsten Jahr etwas mehr Getreide auf den Göttinger Markt gebracht wurde (75 v.H. der Durchschnittsmengen der Jahre 1765/69). Die höchsten Preise wurden für die wichtigere Brotfrucht, den Roggen, im Juni des Jahres 1772 mit dem 3,1fachen des Durchschnittes der Jahre 1765/69 gezahlt. Die Teuerung war mithin in Göttingen nicht besonders arg, doch zeitigte sie auch hier krisenartige Zustände. Die Eheschließungen (und damit Haushaltsgründungen) sanken rapide. Das darf durch eine Graphik auch wieder dem Auge vorgeführt werden (Bild S. 52). Man erkennt die durch die Durchschnittsrechnung abgeglättete Spitze der Roggenpreise in den Jahren 1772/73. Mit schwachem zeitlichen Abstand verlief entgegengesetzt dazu die Reihe der Eheschließungen. Eine Erklärung – im Ausschnitt aus einem größeren Katalog von Ursachen – vermittelt die mit aufgezeichnete Linie des Tagelohnes eines Maurergesellen. Die Löhne dieses Gesellen blieben in Not- und in Füllejahren die gleichen, wobei noch anzumerken ist, daß sicher auch in Göttingen die Jahre

51

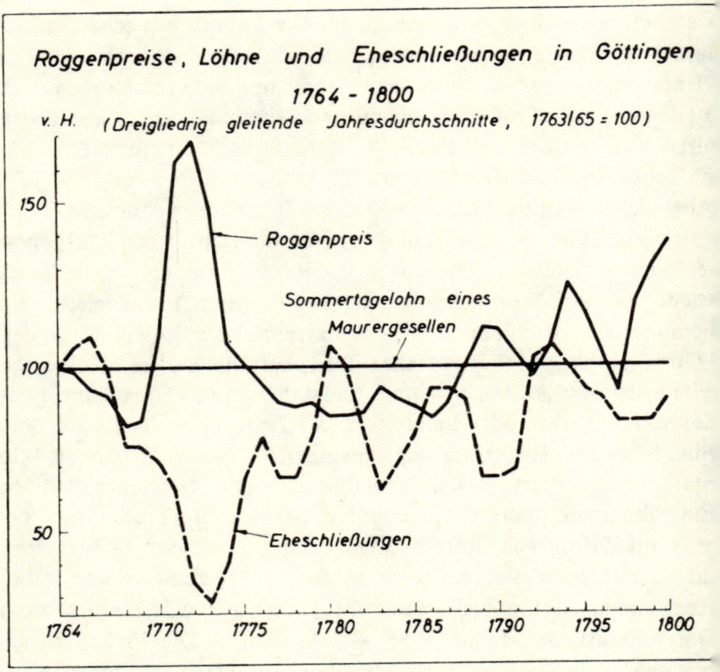

niedriger Preise mehr Beschäftigung boten, während die Jahr hoher und höchster Preise die Nachfrage nach Arbeit schrumpfe ließen und Arbeitslosigkeit bei den Männern, häufiger noch bei de Frauen und Kindern mit sich brachten.

Noch aus einem anderen Grund wird hier Göttingen vorgeführt Man übersieht zu leicht die Aktivitäten der Stadtverwaltungen un der Bürger in den vielen Städten, die nicht Reichs–, Residenz- oder große Handelsstädte waren. Die Stadt Göttingen mietet (Februar 1772) einige Räume für ein "Werkhaus", um, wie es i der Begründung heißt, das "überhandnehmende Gassen–Bettel abzustellen und für die hülflosen Armen zu sorgen, auch der müß gen Armut Arbeit zu verschaffen". Es wurde gesammelt, gespe det, aus den städtischen Kornhäusern Getreide abgegeben und, a die Vorräte sich dem Ende zuneigten, Getreide aus weiter Fern dem Lande Wursten und der Stadt Bremen auf der Weser flußau wärts herangeschafft. Das verursachte viel Schreiberei. Es mußte ein "Zollfrei–Paß", für dessen Ausstellung die königliche Kammer in Hannover zuständig war, und für die Ausfuhr aus dem Lande Wursten ein "Kammerpaß" beschafft werden, dessen Ausstellung zur Kompetenz der königlichen Regierung zu Stade gehörte. Um der Bitte um eine Ausfuhrerlaubnis aus den nördlichen Teilen Hannovers Nachdruck zu verleihen, versäumte der Göttinger Bürgermeister nicht, darauf hinzuweisen, daß "die aus dortigen Provinzen gebürtige Studiosi, welche gegenwärtig die hiesige Academie frequentieren, von der für die hiesige Stadt und Academie angekauften Roggenprovision mit profitieren" würden.

Über diesen Ankauf, der noch zweimal wiederholt wurde, liegen genaue Abrechnungen vor. Die Mengen, die rund ein Drittel des Getreide–Jahresbedarfes der Stadt Göttingen deckten, verringerten sich auf dem Weg nach Göttingen um rund ein Fünftel, wovon ein Teil auf den Zwangsverkauf in (Westfälisch) Minden entfiel, da Minden sein Stapelrecht in Anspruch nahm; ein anderer Teil auf den Schwund während der langen Reise, der durch Austrocknung, Mäuse und, wie sich durch peinliche Befragung der Fuhrleute herausstellte, beim Entladen der Schiffe ergeben hatte. Der Kaufpreis, der in Bremen gezahlt wurde, erhöhte sich bis Göttingen um rund ein Drittel. Davon entfielen — auf den Einstandspreis bezogen — auf Schwund und Frachtkosten, Schiffs– und Landfracht zusammengenommen knapp 26 v.H., auf Zölle und Abgaben knapp 4 v. H. und auf die Provision, die der vermittelnde Kaufmann erhielt, rund 4 v.H..

Da diese Aktion auch dadurch noch behindert worden war, daß es in Göttingen an geschickten und kapitalkräftigen Kaufleuten fehlte, entstand in Göttingen ein Plan, eine gemeinnützige Getreidehandelsgesellschaft auf Aktien ins Leben zu rufen. Die Initiative ging von einem Steuereinnehmer im benachbarten Weende aus; erauchte Namen der Göttinger Akademie der Wissenschaften schalteten sich ein. (Die Akademie hatte ohnehin in diesen Jahren bereits zwei Preisfragen gestellt, von denen die eine die Maßnahmen zur Förderung des Handels, die andere den Nutzen und den Nachteil von öffentlichen Kornmagazinen betraf.) Chr. G. Heyne, der Philologe und Sekretär der Göttinger Akademie, zeigte die Idee der Getreidehandelsgesellschaft in den Göttingischen Gelehrten Anzeigen an; er und der Jurist Pütter taten noch ein übriges. Sie zeichneten je eine Aktie zu 100 Taler. Tatsächlich kamen auch rund 3 000 Taler, etwa die Hälfte der gewünschten Summe, zusammen, doch bedurfte die Gesellschaft nun noch der Konzession aus Hannover, und daran scheiterte sie. Denn die Räte in Hannover befanden, daß sie zwar die guten Absichten der Initiatoren nicht verkennen wollten, doch die gedachte Einrichtung "der Erreichung des vorgesetzten Endzweckes nicht angemessen sein würde, leicht zu einer verbotenen Vorkäuferei ausarten und mithin, statt der gehofften Verminderung der Kornpreise eine Steigerung derselben davon zu besorgen sein dürfte"[58].

4. Die letzten Krisen vom "type ancien"

In den letzten Jahrzehnten des 18. Jahrhunderts wirkten neben dem Erntewechsel Kriege und Handelskonjunkturen auf die wirtschaftliche Lage und die Lebenshaltung auch in denjenigen Städten ein, die abseits von den großen Handelswegen lagen und sich noch um das traditionelle Handwerks- und Krämerwesen gruppierten. Davon sei hier nicht die Rede. Im neuen Jahrhundert wuchs die Not abermals, als wieder die Ernten ausblieben (1803/04). In Schlesien mußten die Untertanen nach einem Bericht des schlesischen Provinzialministers Hoym vom März 1805 zum Fleisch von Katzen und krepierten Pferden Zuflucht nehmen. In Göttingen — um auch noch bei diesem Beispiel einer Stadt im mittleren Deutschland zu bleiben — ließ die Stadtverwaltung zwischen dem 15. Juni und dem 2. September 1805 38574 dreipfündige Brote backen und zu verbilligtem Preis verkaufen. Dazu gab eine Suppenanstalt, die nach Münchner Beispiel errichtet worden war, in den Monaten Juli bis September 1805 rund 20 000 Suppenportionen aus, eine erstaunliche Leistung einer rührigen Stadtverwaltung und ihrer spendenfreudigen Bürger. Es darf angenommen werden, dass über 1000 Bedürftige, etwa jeder achte oder neunte Bewohner der Stadt, damals Brot oder Suppe erhielt.

Die nächste Teuerung stellte sich in den Jahren 1816/17 ein. In Schlesien und Westfalen brach der Hungertyphus aus; in den Kleinbauerngebieten Südwestdeutschlands häuften sich die Konkurse "in ungeheurer Menge"[59]. Friedrich List, der damals das Amt eines Rechnungsrates bei der Württembergischen Regierung bekleidete,

sah schon recht deutlich, daß die Not der Kleinbauern seiner Heimat neben der Missernte noch eine andere Wurzel hatte. In einem Votum zur "überhandnehmenden Auswanderung", das er der Regierung unter dem 1. Mai 1817 unterbreitete, schrieb er[60], "daß allzu hohe Abgaben und Bedrückung aller Art in den bürgerlichen Verhältnissen die Grundursachen sind, weswegen diese Auswanderer sich in ihrer bisherigen Lage nicht wohl befanden, daß die gegenwärtig herrschende allzu große Teuerung und der dadurch verursachte Mangel an Arbeit dieses Mißvergnügen zu der Überzeugung steigerte, es sei so nicht mehr auszukommen ...".
In einigen Städten wurden die Bäckerläden geplündert und die Auslagen der Metzger geraubt. In Mainz "trieben auch die Weiber Unfug auf dem Markte. Sie wollten mit Gewalt die Preise herunterbringen", so berichtet ein Chronist (zum 16.8.1817[61]). Da ihnen die Waren nicht zu dem gebotenen Preis gegeben wurden, "machten sie kurzen Prozeß, schütteten die Kartoffelsäcke aus, stülpten die Körbe mit Bohnen und anderem Gemüse um, darunter wurden Eier und Butter gemischt und mit Füßen untereinander getreten". Der Lärm lockte die Polizei und das Militär heran, die "Ruhe und Ordnung" herstellten. Doch sei auch wieder die Hilfe nicht ganz vergessen, die die kommunalen Gewalten ihren Bürgern zukommen ließen. Die Stadt Nürnberg schaffte in den Sommermonaten des Jahres 1817 4 600 Scheffel Roggen an, den sie an die Bäcker für 30 bis 48 fl. pro Scheffel abgab, während auf der Schranne zu Nürnberg der Preis bis auf 61 fl. für den Scheffel Roggen anstieg[62]. In Göttingen handelte die Stadtverwaltung Roggen und Erbsen in Riga und Flensburg ein. Man ließ daraus ein Mischbrot herstellen, das zu verbilligtem Preis an Arme abgegeben wurde. Auch die Suppenanstalt trat wieder in Aktion. Spenden der Bürger ermöglichten eine leidlich gehaltvolle Suppe, in der sogar Speck und Butter nicht ganz fehlten. Nach Ausweis der noch vorhandenen Unterlagen wurden in Göttingen im Spätsommer und Frühherbst 1817 gegen Brotzettel rund 26 000 "Armenbrote" und von der Suppenanstalt rund 6 200 Essenportionen ausgegeben.
Es folgten Jahre niedriger Preise, in denen nun umgekehrt die Großbauern und die Gutsherren Not litten, die auf den Absatz von Getreide angewiesen waren. Mitte der 20er Jahre (1825) zahlte man in deutschen Häfen und im Binnenland kaum mehr als ein

Viertel der Durchschnittspreise des Jahres 1817. Diesen Preissturz begleiteten — nach zeitgenössischen Berichten — "Verarmung und Verzweiflung, Bankerotte und Verwirrung jeglicher Art" im Nordwesten Deutschlands und im Osten. Es ist eine Streitfrage noch heute, ob und in welchem Umfang diese *Absatzkrisis* der Landwirtschaft zu einem Rückschlag auch in den Städten führte. Darüber waren sich schon die Zeitgenossen nicht einig. Die einen meinten, daß die Landwirte nun noch weniger Fabrikate und Manufakturwaren kaufen könnten als ehedem und darum der Absatz der Gewerbe leide; die andern wiesen darauf hin, daß sich der Konsument "wegen der fast allgemeinen Wohlfeilheit in einer viel besseren Lage als seit langer Zeit" befinde. Professor Kuczynski (von der Berliner Akademie), der dieser Frage längere Ausführungen widmete, kam zu dem Schluß, daß selbst in den Jahren größter landwirtschaftlicher Not in Deutschland das im Gewerbe angelegte Kapital weiter wuchs und die Produktion weiter stieg[63].

Hinzu kam jetzt auch noch der konjunkturelle Rhythmus, der durch die aufkommende Industrie bedingt war. In England wurden solche Krisen schon deutlich gespürt (1816, 1825, 1836 und 1846). Auf dem Kontinent beherrschen noch die Schwankungen der Ernten das Bild der Lage in den Städten und in den Dörfern. Man kann dies an den Gegenbewegungen der Roggenpreise und der Haushaltsgründungen erkennen. Wie schon in Göttingen im ausgehenden 18. Jahrhundert (oben S. 52), so zeigt eine gesamtpreußische Reihe solche Gegenbewegung noch bis über die Mitte des 19. Jahrhunderts hinaus. Erst in den 60er Jahren erzwang die aufkommende Industrie auch in Preussen einen anderen Rhythmus, der

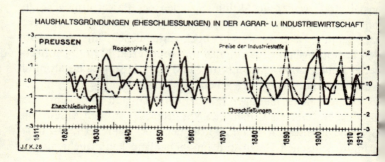

sich in dem Diagramm auf S. 56 als Parallelbewegung zwischen den Eheschließungen und den Preisen der Industriestoffe präsentiert[64]. Es bedürfte noch genauerer Untersuchungen, um die Verschränkungen des sog. Juglar–Zyklus, der dem Industriezeitalter das Gepräge gab, mit dem Erntezyklus, der dem ausklingenden Zeitalter angehörte, nach Zeiten und Räumen zu entfalten. Da sie noch fehlen, kann vorerst nur gesagt werden, daß zumindest das Jahr 1847 noch ein Notjahr "alter Ordnung" in Deutschland war. Das Neue war nur, daß jetzt auch die Kartoffelernten noch ausblieben, die vielen Zeitgenossen, so auch Adam Smith, als Retter in einer permanent gewordenen Nahrungsmittelnot erschienen waren. Die Preise der am dringlichsten begehrten Nahrungsmittel stiegen wieder weitaus stärker als die Preise von Butter und Fleisch, weil die Kaufkraft der breiten Massen der Bevölkerung noch immer nicht erlaubte, auf die eiweißreichen, aber weniger Kalorien enthaltenden Nahrungsmittel zurückzugreifen.

Französische Forscher bezeichneten die Krisen des Erntezyklus als Krisen vom "type ancien"[65]. Ihre Vorstellungen, Thesen und Worte gingen in die internationale Literatur ein, doch sollte auch erwähnt werden, daß schon vor langen Jahren ein deutscher Nationalökonom die Grundzüge dieser Krisen klar erkannt hatte.[66] Wilhelm Roscher fragte, wie die Kornteuerung die Nachfrage nach anderen Gütern und nach Dienstleistungen beeinflusse. Dabei unterschied auch er bereits die "notwendigen und die überflüssigen Güter". Nach allen Lebensmitteln, die durch Nahrhaftigkeit und Wohlfeilheit als Surrogat des Getreides gelten könnten, sei die Nachfrage auch sehr verstärkt. So würden Kartoffeln in der Regel verhältnismäßig ebenso teuer wie Getreide. Ganz anders sei dies um die feineren Speisen, Leckerbissen, alle Kleidungsstücke, Hausgeräte usw. und um die Beschäftigung bestellt. Wer sonst vielleicht zwei Dienstboten gehalten habe, "muß nun den einen entlassen; wer sonst drei Anzüge im Jahr verbrauchte, schränkt sich jetzt auf zwei derselben ein und nötigt so den Schneider, einen Gesellen weniger zu halten ... Auf der anderen Seite vergrößert sich das Angebot (an Arbeit): Viele Menschen, die sonst eben nicht für Geld arbeiteten, sehen sich jetzt dazu gezwungen".

Ganz ähnliches konnte man viel später bei Labrousse nachlesen, doch fand jetzt diese Theorie der Teuerungskrisen viel größeren Widerhall (im Ausland) und dies mit Recht. Denn was bedeuteten schon für die breiten Massen der vorindustriellen Zeit die Finanz–, Spekulations– oder Handelskrisen, der Zusammenbruch einiger Handelshäuser und selbst die Staatsbankrotte, die so oft und ausführlich von Historikern beschrieben wurden? Sie blieben weit hinter dem Horizont der schlichten Menschen, die in den Dörfern und Städten lebten, während die Krisen, die Wilhelm Roscher und nach ihm Labrousse beschrieben, tief auch in ihr Leben eingriffen. Sie waren das harte Gegenstück der Krisen des industriellen Zeitalters, die Krisen vom "type ancien".

5. Von der Teuerungsliteratur zu den Schriften über den Pauperismus

Wilhelm Roschers Büchlein über den Kornhandel und die Teuerungspolitik gehört zu einer Literaturgattung, die viele Hunderte von Aufsätzen, Broschüren und Bücher umfaßte. Es lohnt nicht, sie im einzelnen vorzuführen; sie wiederholen sich und bleiben in ihrer großen Mehrzahl weit hinter Roschers Buch zurück. Wohl aber erscheint es angebracht, auf einen Wandel hinzuweisen, der sich in dieser weitschichtigen Literatur über Teuerungen, Armut und verwandte Gegenstände einstellte, zumal von hieraus der Absprung zum nächsten Kapitel leichter fällt, in dem nochmals auf das langfristige Geschehen eingegangen werden soll.

Die erste (früheste) Gruppe dieser Schriften war eindeutig vom Erlebnis bestimmter Teuerungen geprägt. Sie folgte dem Auf und Ab der Preise, schwoll an in den Teuerungsjahren und klang wieder ab, wenn die Preise sanken. Ein Musterbeispiel bietet die "große" Teuerung (so schon von den Zeitgenossen genannt) zu Beginn der 70er Jahre. Sie rief Dutzende von Autoren auf den Plan. Ihre Schriften enthalten Zustandsschilderungen, aus denen einiges auch hier zitiert wurde, und Vorschläge, wie der Not abzuhelfen sei. Eine Vorstellung davon, wohin die Vorschläge zielten, vermitteln vielfach bereits die Titel dieser Schriften. Einige dreißig, die allein in den Jahren 1770 — 1774 erschienen, wurden überprüft[67]. Soweit sich in den Titeln Hinweise fanden, handelten sieben von den Getreidesperren und den Vor- oder Nachteilen eines freien Kornhandels, zwei von der inneren Ordnung der Fruchtmärkte, fünf von dem Nutzen öffentlicher Kornmagazine und drei von der "Haushaltungskunst in Teuerungsjahren" oder, wie einer der Autoren es ausdrückte, von einigen Vorschlägen, "wie die Menschen bei jetzigem Mangel und Theuerung des Korngetreides sich sättigen und gesund erhalten können" (J. K. Heffter, Zittau, 1771). Es folgten einige Nachzügler, die zu spät auf der literarischen Bühne erschienen, und wieder größere Trupps in wechselnder Stärke. Um auch von den folgenden Jahren noch einen Eindruck zu vermitteln, sei erwähnt, daß im Jahr 1806 eine erste kritische Zusammenstellung mit Auszügen aus 14 Publikationen erschien, die dem Autor aus den Jahren 1801 — 1806 "über die Theuerung der ersten Lebensbedürfnisse" vorlagen[68].

Etwa um die gleiche Zeit schob sich neben diese Literatur, die ganz offensichtlich durch das kurzfristige Geschehen ausgelöst worden war, eine Gruppe von Schriften, deren Autoren den Bogen weiter spannten. Vorläufer dieser Schriften waren die ersten Dokumentationen von weit zurückreichenden Preisreihen[69]. Aus den Preisen

ließ sich erkennen, daß die Teuerung zu Ausgang des 18. Jahrhunderts keine vorübergehende Erscheinung war. So bemühte sich Barckhausen (1804) um den Nachweis, daß die Preise seit langem, wenn auch unter Schwankungen, gestiegen seien[70]. Ähnliches stellte Bucher (1805) fest, und da für solche langfristigen Preisveränderungen die kurzfristigen Schwankungen der Ernten keinen zureichenden Grund abgaben, suchten die Autoren nach anderen Ursachen. Man fand sie in der Vermehrung der Bevölkerung, in Umstellungen im Ackerbau und in der Zunahme "der umlaufenden Geldmasse"[71]. Es war nur ein kleiner Schritt, um von hier aus auch noch die Kaufkraft der Masseneinkommen ins Blickfeld zu bekommen. Die Zeitgenossen waren sich — mit wenigen Ausnahmen — darin einig, daß sie der Preissteigerung nicht gefolgt sei.
Die Historiker stimmten diesem Votum für das ausgehende 18. Jahrhundert zu. Für die erste Hälfte des 19. Jahrhunderts schwanken ihre Aussagen. In England hält man es für wahrscheinlich, daß die Reallöhne sich seit etwa 1810 wieder leicht erhöhten[72]. Für Frankreich kam ein Autor, der das vorhandene Material sorgfältig prüfte, zu dem Schluß, daß die Löhne in der Periode 1815 — 1850 "materiell nicht stiegen, vielmehr stagnierten mit einer Tendenz zu fallen"[73]. Für Deutschland ist das bisher aus den Archiven gesammelte preis- und lohngeschichtliche Material noch zu dürftig, um solche oder ähnliche Aussagen zu tragen, zumal Trendberechnungen über eine so kurze und bewegte Zeitspanne auch großen methodischen Schwierigkeiten begegnen.
Die Zeitgenossen bemühten sich um Lohnreihen noch nicht. Sie begnügten sich mit Preisen, Bedarfsschätzungen und Einkommensdaten, wie sie oben im ersten Kapitel unter dem Stichwort "Armut im Vormärz" mit einigen Beispielen belegt wurden. Da sich bei allen diesen Schätzungen und Rechnungen immer wieder das gleiche Bild der Armut ergab, kam die Vorstellung von einer Dauerarmut und für sie das Wort Pauperismus auf. "Pauperismus", so ist in Brockhaus Real—Encyklopädie vom Jahre 1846 zu lesen, "ist ein neuerfundener Ausdruck für eine neue höchst bedeutsame und unheilvolle Erscheinung, den man im Deutschen durch die Worte Massenarmut oder Armentum wiederzugeben versucht hat. Es handelt sich dabei nicht um die natürliche Armut, wie sie als Ausnahme infolge physischer, geistiger oder sittlicher Gebrechen oder

zufälliger Unglücksfälle immerfort einzelne befallen mag; auch nicht um die vergleichsweise Dürftigkeit, bei der doch eine sichere Grundlage des Unterhalts bleibt. Der Pauperismus ist da vorhanden, wo eine zahlreiche Volksklasse sich durch die angestrengteste Arbeit höchstens das notdürftigste Auskommen verdienen kann, ... und dabei immer noch sich in reißender Schnelligkeit ergänzt und vermehrt". Die Erklärung dieser Erscheinung und damit die Mittel zur Abhilfe, so fährt der Artikel fort, habe man auf sehr verschiedenen Wegen gesucht. Während einige Autoren das Fabrikwesen als "die fruchtbarste Mutter des Pauperismus" anklagen, fordern andere dessen kräftigste Förderung.

Dieser Zwiespalt der Erklärungen lenkt den Blick auf die Frage zurück, die am Anfang des Büchleins stand: die Frage nach dem Ort des Pauperismus in der abendländischen Geschichte.

IV. DER PROZESS DER VERARMUNG

1. Klassische Theorien als Wegweiser in die Geschichte

Es seien jetzt zwei Namen genannt, von denen einer schon vor seiner Zeit anklang, zwei Klassiker der Nationalökonomie: Robert Malthus und David Ricardo. Als im ausgehenden 18. Jahrhundert die Bevölkerung wuchs, die Preise stiegen und die Lebenshaltung breiter Schichten der Bevölkerung sich verschlechterte, also genau das geschah, was auch hier geschildert wurde, veröffentlichte Malthus (1798) sein Büchlein über das Bevölkerungsprinzip. "Die Bevölkerung", so verkündete er der aufhorchenden Mitwelt, "hat die dauernde Neigung, sich über das Maß der vorhandenen Lebensmittel hinaus zu vermehren". Sie tendiere zu einer Vergrößerung nach Art einer geometrischen Reihe (2, 4, 8, 16 usw.), während die Produktion von Nahrungsmitteln sich allenfalls nach Art einer arithmetischen Reihe steigern lasse (1, 2, 3, 4 usw.). Das hänge damit zusammen, daß nach einer gewissen und nicht sehr weit vorgerückten Stufe in der Ausbildung der Landwirtschaft der Ertrag des Kulturlandes nicht mehr in dem Grade der Aufwandssteigerung zunehme. Dehne man den Ackerbau auf Land aus, das in der ersten Siedlungsperiode nicht nutzungswürdig erschienen sei, so könne auch dieses Land Erzeugnisse nur unter höherem Aufwand liefern. Weil also die Kosten der landwirtschaftlichen Produktion von einem bestimmten Punkt an überproportional zu den Erträgen zu steigen tendieren, müßten auch die Preise der Nahrungsmittel steigen. Der Arbeitslohn könne dem nicht folgen, weil er vom Ertrag der letzten Aufwandseinheiten abhänge. "Wie die Bevölkerung steigt, so gehen auch die Lebensbedürfnisse im Preise in die Höhe, weil zu ihrer Hervorbringung mehr Arbeit erforderlich ist", so umschrieb David Ricardo diesen Zusammenhang. Ricardo fuhr fort: "Der Geldlohn wird steigen, aber nicht hoch genug, um den Arbeiter instand zu setzen, sich so viele Gegenstände seiner Bedürfnisse und des Wohlbehagens zu kaufen, als vor dem Steigen dieser Güter ... Die Lage der Arbeiter verschlimmert sich im allgemeinen und die der Grundherren verbessert sich stets".

Die Zukunft vermochten die beiden Engländer nicht zu erschließen, aber vergangene Entwicklung zeichneten sie im Grundzug richtig. Das sei nun kurz noch erläutert, wobei es jetzt darauf ankommt, das schon Gebrachte zu knappster Aussage zu verdichten und durch einige noch nicht beschriebene Entwicklungsreihen zu ergänzen.

2. Die Entwicklung der Lohneinkommen seit dem Spätmittelalter

Die niedrigen Arbeitseinkommen, die Friedrich Engels und Karl Marx in den englischen Fabriken vorfanden, waren nicht der aufkommenden Industrie oder, wie sie meinten, dem Kapitalismus zur Last zu legen. Das Fabrikwesen brachte anderes Übel, so etwa unzureichende hygienische Einrichtungen, fehlende Schutzvorrichtungen, unmenschliche Härte der Unternehmer. Aber für den Historiker, der die langen Linien der Lohnentwicklung verfolgt, können dies doch nur Randerscheinungen sein. Für die Löhne gilt Engels Schuldspruch nicht. Die Lohneinkommen der Arbeiter waren seit langem gesunken. Das sei nun zusammenfassend noch im Bild gezeigt.

Die Darstellung enthält einige Lücken, weil nur Lohn- und Preisreihen herangezogen wurden, die den ganzen Zeitraum überdecken. Für England liegen sie vor, auch noch für Straßburg. Aus Wien fehlen Daten für die Jahre 1791–1850, aus Leipzig für die Jahre 1401–1500. Doch läßt sich aus anderen Nachrichten feststellen, daß im Grundzug die Bewegung der Reallöhne, gemessen an der Kaufkraft gegenüber den wichtigsten Lebensmitteln, in ganz Mitteleuropa ähnlich war. Den stärksten Rückgang brachte das 16. Jahrhundert. Der folgende Anstieg der (Real-) Löhne brach in Deutschland bald nach dem Dreißigjährigen Krieg, in anderen Ländern erst im beginnenden 18. Jahrhundert ab. Doch auch die Löhne, die für Deutschland (Leipzig) aus der ersten Hälfte des 18. Jahrhunderts gebracht werden, lagen noch höher als die Löhne der zweiten Hälfte des 16. Jahrhunderts, (und weit niedriger als die Löhne des 15. Jahrhunderts.) Das Zeitalter des Pauperismus (1791/1850) beschließt diese Reihe mit einem erneuten Abfall, der am geringsten in dem früh industrialisierten England war.

Im Zusammenhang mit dem Rückgang der Kaufkraft der breiten Massen wandelte sich die Zusammensetzung der Nahrung.

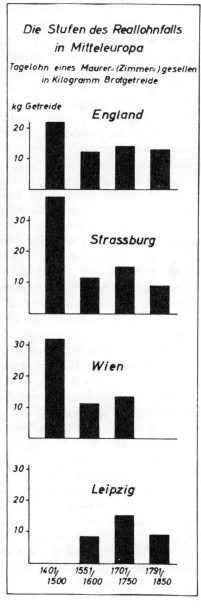

Die Stufen des Reallohnfalls in Mitteleuropa

Tagelohn eines Maurer- (Zimmer-) gesellen in Kilogramm Brotgetreide

3. Die Verschlechterung der Nahrung im vorindustriellen Zeitalter

Die voluminösen, kohlehydratreichen und trotz ihrer Verteuerung je Nährwerteinheit doch billig bleibenden Nahrungsmittel drängten die eiweißreichen, konzentrierten und geschmackreichen, aber je Nährwerteinheit teuren Nahrungsmittel zurück. Das geschah insbesondere beim Fleisch. Man greift kaum fehl, wenn man den Fleischverzehr im spätmittelalterlichen Deutschland auf über 100 kg je Kopf der Bevölkerung schätzt. Fleisch wurde damals nicht nur an Festtagen und an den Tafeln reicher Bürger in kaum vorstellbaren Mengen verzehrt. Auch die weniger bemittelten Bevölkerungsschichten verbrauchten riesige Mengen. Nach einer Berliner Verordnung, die schon in die Zeiten beginnender Knappheit hineinreicht (1515), sollte den Bäckergesellen, die zur Mühle geschickt wurden, je Tag 4 Pfund Fleisch nebst 8 Quart Bier und reichlich Brot mitgegeben werden. Selbst die fronenden Bauern empfingen nach einer Speisekarte, die Erasmus zu Erbach im Odenwald im Jahre 1483 aufstellte, "jeden Tag zweimal Fleisch und Zukost und einen halben Krug Weines, ausgenommen die Fastentage, da sollen sie Fische haben oder sonst nahrhafte Speisen . . ." Bis zum Beginn des 19. Jahrhunderts dürfte der Fleischverzehr in Preußen, Sachsen und wohl auch in ganz Deutschland unter 20 kg je Kopf und Jahr gefallen sein (heute liegt er wieder über 60 kg).

Auch der Verzehr von Eiern, Butter, Geflügel, Wildbret und Wein, der vom billigeren Bier und als Rauschmittel vom billigeren Schnaps zurückgedrängt wurde, lag im Ausgang des 18. und zu Beginn des 19. Jahrhunderts weit unter dem Stand des späten Mittelalters. In einer deutschen Städtechronik wurde anläßlich einer Belagerung der Stadt berichtet, daß die reichen Leute sich gut versorgt hätten, aber das „arme Volk an mancherlei und besonders an Butter Mangel litt". Um die Wende zum 19. Jahrhundert wäre es keinem Schriftsteller eingefallen, unter den Gütern, die dem "armen Volk" besonders fehlten, die Butter herauszustellen. Der Begriff des Mangels hatte sich verschoben. Er wurde auf Getreide, die groben Gemüse, Hülsenfrüchte und — im weiteren Verlauf des 19. Jahrhunderts — auf die billigsten aller Nahrungsmittel, die Kartoffeln, bezogen. In einer Schrift aus dem Jahre 1837 wurde geklagt: "Der nordische Arme betet jetzt vielzählig umsonst: Unser täglich Brot gib uns heute. Die Kartoffel, nichts als die Kartoffel ist sein Lebensmotto, oft auch ohne Salz". Aus dem östlichen Deutschland, der Kassubei, berichteten Schulvisitatoren, daß damals von 80 Schulkindern nur drei Kinder Brot aus eigenem Genuß gekannt hätten. Und für das westliche Deutschland darf Friedrich List, der große deutsche Nationalökonom, als Zeuge berufen werden. Er schrieb im Jahre 1844: "Unter den notwendigsten Lebensbedürfnissen versteht man in vielen Gegenden Deutschlands Kartoffeln ohne Salz, eine Suppe mit Schwarzbrot, zur höchsten Notdurft geschmelzt, Haferbrei, hier und da schwarze Klöße. Die, welche sich besser stehen, sehen kaum einmal in der Woche ein bescheidenes Stück frisches oder geräuchertes Fleisch auf dem Tisch und Braten kennen die meisten nur vom Hörensagen. Ich habe Reviere gesehen, wo ein Hering, an einem an der Zimmerdecke befestigten Faden mitten über dem Tische hängend, unter den Kartoffelessern von Hand zu Hand herumging, um jeden zu befähigen, durch Reiben an dem gemeinsamen Tafelgut seiner Kartoffel Würze und Geschmack zu geben"[74]. Man darf darum auch im Bereich der Ernährung eine Stufenleiter aufstellen, die eindeutig abwärts führte: vom Fleischstandard des Spätmittelalters über den Getreidestandard der frühen Neuzeit zum Kartoffelstandard im Zeitalter des Pauperismus.

Dem Wandel der Ernährung schloß sich an

4. Der Wandel in der Richtung der landwirtschaftlichen Erzeugung

Bereits Adam Smith hatte gelehrt, daß eine geringe Bevölkerungsdichte eine extensive Bodennutzung ermögliche, bei der die Viehhaltung weit im Vordergrund der landwirtschaftlichen Aktivitäten stehe. In Deutschland und Mitteleuropa reichte diese "erste Stufe" der Viehhaltung und des Ackerbaues aus der Frühzeit unserer Geschichte mit einem Ausläufer bis in das späte Mittelalter hinein. Rinder, Schafe, Schweine fanden damals noch auf den zahlreichen Weiden und Hutungen, in Wäldern, Ställen und Koben reichlich Nahrung. Zehntausende von Dörfern und Siedlungen waren damals verlassen. Ihre Gemarkungen hatten sich mit Busch, Gras und Wald bedeckt, die, wenn sie anders nicht genutzt werden konnten, doch zum Viehauftrieb noch Möglichkeiten boten. Als die Grafen von Zimmern, die die oft wieder aufgelegte Chronik hinterließen, auch in ihrem Territorium solchen "Wüstungen" begegneten, verpachteten sie die Gemarkungen und die verfallenen Dörfer an die Bürger von Möskirch (im schwäbischen Land), die das ganze weite Gebiet "mit Vieh beschlugen". Das ist nur ein Beispiel für viele, die Zeugnis vom Umfang der Viehhaltung im Spätmittelalter ablegen.

Auf einer zweiten Stufe der Landwirtschaft, so fuhr Adam Smith fort, dränge der Ackerbau die Viehhaltung zurück. Ein Getreidefeld von mäßiger Fruchtbarkeit bringe eine viel größere Menge von Nahrung für die Menschen hervor als der beste Weideplatz von gleicher Ausdehnung. Wenn auch seine Bestellung weit mehr Arbeit erfordere, so sei doch der Überschuß, der nach Wiedereinsatz der Saat und der Erhaltung der Arbeit übrigbleibe, gleichfalls weit größer. Was Smith noch nicht zu sehen vermochte, war die Entwicklung der Preise. Es öffnete sich eine Preisschere zugunsten des Getreides, zu Lasten der animalischen Erzeugnisse. Das trug zu dem Viehabbau oder der "Depekoration" bei, wie der deutsche Nationalökonom Roscher mit einem wenig schönen, aber treffenden Wort diese zweite Stufe von Ackerbau und Viehhaltung nannte. Auf ihr verharrten die alten Kulturen am Tigris, Euphrat, Nil, auch in Griechenland und Rom, wo Fleisch für die Masse des niederen Volkes, auch die Soldaten, zu kostbar wurde. Im Abendland wurde sie von einer dritten Stufe abgelöst, auf der auch Erzeugnisse des Ackerbaues, wie Rüben, Kartoffeln, Futtergetreide, in den Dienst der Tierhaltung traten. Diese dritte und letzte Stufe fiel mit der Industrialisierung der abendländischen Welt zusammen.

Das erste (deutsche) "theoretisch–praktische Handbuch der größeren Viehzucht", das diesen Namen wirklich verdient[75], erschien noch in der Phase der Depekoration. In ihm ist zu lesen, daß "nur in den keiner Ackerkultur fähigen bloßen fruchtbaren Weidegegenden in den sogenannten Viehwirtschaften derselben das Vieh stets einen wahren reinen Ertrag gewährt, nicht aber in der Regel in der gewöhnlichen Ackerwirtschaften, wo dasselbe nur seiner unentbehrlichen Notwendigkeit im allgemeinen halber gehalten wird und gehalten werden muß". Das Vieh wurde zum "notwendigen Übel". Es mußte um des Düngers und der Zugleistungen willen gehalten werden, die man für den Acker brauchte, zur Verwertung von Abfällen und für den Eigenbedarf. "Es stimmt aber leider", so heißt es bei dem viel gereisten von Schwertz, "und ich sehe es für ausgemacht an, daß das Vieh nie und unter keinen Umständen bei einer Ackerwirtschaft einen Vorteil, vielmehr immer Schaden bringt".

Die Statistiken der Zeit bestätigen diese Ansicht. Wenn sie auch noch lückenhaft sind, so geben sie doch zumindest für Preußen ein in großen Zügen sicher zutreffendes Bild. Getreide war bei weitem das Hauptprodukt der preußisch–deutschen Landwirtschaft um das Jahr 1800. Auf das Getreide allein entfiel im preußischen Staat nach den Zusammenstellungen Leopold Krugs rund 53 v. H. des Geldwertes der gesamten Nahrungsmittelproduktion, auf die anderen pflanzlichen Erzeugnisse noch rund 23 v.H. und auf die tierischen Produkte nur 24 v.H. In der Bundesrepublik Deutschland war zu Anfang der 60er Jahre unseres Jahrhunderts das Verhältnis genau umgekehrt. Auf die tierischen Erzeugnisse entfielen im Jahre 1959/60 72 v.H. der landwirtschaftlichen Erzeugnisse, in den Rest teilten sich die pflanzlichen.

Die geschilderten Erscheinungen lassen sich sämtlich in das Modell einordnen, das Ricardo/Malthus, ergänzt durch den deutschen Nationalökonomen Johann Heinrich von Thünen (1783–1850), für eine Bevölkerung aufstellten, die noch unter wesentlich agrarischen Bedingungen wächst. Die Reallöhne sinken oder stagnieren doch, wenn sie schon auf das Existenzminimum gesunken sind. Der Verbrauch konzentriert sich auf die bodensparenden vegetabilischen Nahrungsmittel, der Fleischverzehr nimmt ab, die Viehhaltung wird unrentabel. Die Tätigkeiten des Landwirtes verlagern sich auf die Gewinnung pflanzlicher Nahrungsmittel, Getreide und Hülsenfrüchte zuerst, dann auch die Kartoffeln, die dem Boden je Flächeneinheit noch mehr Kalorien als das Getreide abgewinnen. Das ist das Ende einer Entwicklung, die sich modellartig vorgezeichnet schon in den Schriften der Zeitgenossen findet.

In dieses Bild paßt dann auch

5. Die Verknappung der Roh- und Werkstoffe

Für viele Zwecke wurde Holz gebraucht. Holz war der wichtigste Werkstoff der vorindustriellen Periode. Aus Holz bestanden Häuser, Schiffe, Wagen, Geräte, die im Haushalt, in der Landwirtschaft und in den Gewerben gebraucht wurden. Aus Holz oder dem lebenden Baum gewann man Harz, Teer, Pech und Pottasche, die für die Glasherstellung unentbehrlich war. Man brauchte für die Herstellung von 1 kg Glas je nach Holzart und -zustand 1-3 cbm Holz, davon rund 97 v.H. für die Gewinnung von Pottasche und 3 v.H. als Brennstoff für das Schmelzen. Holz diente als Brennstoff auch in Haushalten und vielen anderen Gewerben. Die größten "Holzfresser" (um ein Wort Werner Sombarts zu gebrauchen) waren neben den Gewerben der Glasbrenner die Kalk- und Ziegelöfen, die Porzellanmanufakturen und die Montanindustrien, der Silberbergbau und die Silberverhüttung, die Kupferindustrie und noch diesen voran die Eisengewinnung und Eisenverarbeitung in Schmelz-, Hütten- und Hammerwerken. Man schätzt, daß für die Gewinnung der Holzkohle, die für die Herstellung von einer Gewichtseinheit Eisen gebraucht wurde, die zwanzigfache Gewichtsmenge Holz erforderlich war.

Werner Sombart überschrieb das 71. Kapitel seines großen Werkes das dem "Modernen Kapitalismus" gewidmet ist, mit den Worten: "Das drohende Ende des Kapitalismus". Er hatte die Holzverknappung im Auge, die sich im ausgehenden 18. Jahrhundert einstellte Die Drohung sah er richtig, aber das Holz wurde im westlichen Deutschland schon früher knapp, wie u.a. die zahlreichen Forst- und Waldordnungen bezeugen, die im 16. Jahrhundert erlassen wurden (Tirol seit 1502, Württemberg seit 1514, Ansbach 1531 Hessen 1532, Braunschweig-Wolfenbüttel 1547 usw.). "Wir befinden augenscheinlich", so heißt es in der württembergischen Ordnung vom Jahre 1536, "daß die Wälder und Hölzer in merklicher großen Abgang kommen, welches die Viele der Menschen, die sich täglich mehren, allenthalben Wälder und Ehegarten umreuten und Baugüter daraus machen, desgleichen auch das unordentliche Hauen und der Viehtrieb nicht die geringsten Ursachen sind". Man verbot die Rodung, den "Einfang" und die Brennerei, beschänkte den Rinderauftrieb und untersagte gänzlich den Auftrieb der besonders schädlichen Ziegen und Schafe (so in den vorderösterreichischen Landen 1557). Das sind Zeichen einer Holzverknappung, die einsetzte, als der Boden knapper wurde, in den Pflanze Tier und Wald sich teilen müssen. Das ausgehende 18. und beginn nende 19. Jahrhundert umschloß nur die letzte Phase dieser Entwicklung.

Ein Wort auch noch zu den Faserstoffen. Bei ihnen unterscheiden wir heute die natürlichen Stoffe und die Chemiefasern. In der Zeit, die hier zur Betrachtung ansteht, gab es nur die an Pflanze und Tier gebundene Gruppe: Flachs, Hanf, Wolle und Seide, die vom Maulbeerspinner gewonnen wurde. Vielleicht erinnert man sich der Bemühungen, die Friedrich II. von Preußen der Seidengewinnung und er wie auch andere Landesherren der Verbreitung des Flachsanbaues und – über die Einfuhr der sogenannten Merinos – der Veredelung der Schafbestände zuwandten. Das geschah aus merkantilen Erwägungen und darum, weil auch der Rohstoff der Textilindustrien knapper wurde.

Doch gab es für ihn ein Substitut aus südlicheren Zonen, die Baumwolle. Ihre Verwendung stieg erheblich, wie u.a. die wachsende Einfuhr nach England zeigt. Die Baumwolleinfuhr nach England erhöhte sich von rund 5 000 Tonnen (im Gewicht von je 1 000 kg) um das Jahr 1780 auf rund 300 000 Tonnen um das Jahr 1850, also auf rund das Sechzigfache. Im Zusammenhang damit breiteten sich die Spinn- und Webmaschinen und die Fabriken aus, deren Anfänge Friedrich Engels und Karl Marx in England sahen.

Doch die Not, die sie in diesen Fabriken fanden, darf nicht dem "Kapitalismus" aufgebürdet werden. Blickt man über die Werkstätten der Industrien hinaus auf das Land und über das 19. Jahrhundert hinweg in die Zeiten, die ihm vorgelagert waren, so wird offenbar, daß das Elend des Pauperismus aus vorindustriellen Umständen stammte und durch sie im Kern – natürlich nicht in allen Formen seiner Erscheinung – auch begründet war. Nach Ursprung und Entwicklung gehört die Armut des frühen 19. Jahrhunderts dem ausklingenden agrarischen Zeitalter der abendländischen Geschichte an.

V. DIE ÜBERWINDUNG DER NOT

Diesen letzten Abschnitt des Büchleins, der sich mehr noch als bisher auf die wesentlichen Daten beschränken muß, sei ein Wort des Ricardo vorangestellt: "Wenn eine Bevölkerung gegen den Nahrungsspielraum preßt, sind die einzigen Hilfsmittel entweder eine Verminderung der Bevölkerung oder eine schnellere Vermehrung des Kapitals"[76]. Das Wort könnte als Motto auch einem Politiker unserer Tage dienen, der über die unterentwickelten Länder jenseits der Meere berichtet, doch sei es hier als Wegweiser in die abendländische Geschichte benutzt, zumal auch Ricardo es nicht ohne Bezug auf die Verhältnisse schrieb, die er (um 1820) in England vorfand.

Kapital meint produzierte Produktionsmittel. Es ist eine Binsenweisheit, daß solche "vorgetane Arbeit" die Ergiebigkeit der Wirtschaft zu steigern vermag, doch stellt Ricardos Ausspruch den Historiker vor die Frage, wann, wie und unter welchen Umständen solches in England (und anderswo) in einem Ausmaß geschah, daß die Fortschritte der Wirtschaft die Zunahme der Bevölkerung übertrafen und nicht nur dies, sondern auch den Empfängern von Arbeitsentgelten in Gestalt höherer (realer) Löhne, Gehälter usw. zugute kamen.

Das geschah sicher auch in *England* nicht in den Jahrzehnten, die man in England mit dem großen Wort einer "industriellen Revolution" zu belegen pflegt. Das ausgehende 18. Jahrhundert brachte einen Stillstand, wenn nicht gar Rückgang der Reallöhne. Die Aufnahmefähigkeit der wenigen Industrien, die sich rascher entwickelten (Textilien, Eisen und Stahl, Schiffbau und einige andere), reichte noch bei weitem nicht an den Bevölkerungszuwachs heran. Auch England blieb noch lange kleingewerblich-agrarisch strukturiert. Noch im Jahre 1851 zählte Großbritannien ohne Irland bei rund 21 Millionen Einwohnern und rund 16 Millionen Personen, die das 10. Lebensjahr überschritten hatten, nur knapp 500 000 Baumwollarbeiter und 280 000 Wollarbeiter. Der Kohlenbergbau beschäftigte rund 220 000 Menschen, der Eisenbergbau nur 28 000. Dagegen betrug die Zahl der Schuster und Schuharbeiter die fast sämtlich noch als Heimarbeiter oder Handwerker ihrem Beruf nachgingen, 274 000. Über eine Million Menschen war noch als Hauspersonal und 1,8 Millionen in der Landwirtschaft beschäftigt.

Noch weiter stand der *Kontinent* zurück. Zwar gab es auch hier schon einige Zentren und Zweige frühindustrieller Entwicklung, die mit ihren Leistungen die Brücke zu kommenden Jahrzehnten schlugen, doch war diese Brücke noch schmal und nicht sonderlich weit gespannt. Nimmt man als Beispiel für eine "mittlere" Industrialisierung das Königreich Hannover, das auch etwa in der Mitte zwischen dem noch rein agrarischen Osten und dem schon stärker industrialisierten Westen lag, so zeigt sich noch für das Jahr 1861 folgendes: In der Spitzengruppe der damaligen Industrie mit über 100 Beschäftigten je Betrieb, insgesamt 32 Betrieben, wurden rund 4 000 Beschäftigte gezählt. In einem Land (Königreich Hannover), das damals 1,9 Millionen Einwohner zählte, waren dies 0,2 v.H. der Bevölkerung. In der nächsten Gruppe mit 50 – 99 Beschäftigte je Betrieb, insgesamt 74 Betrieben, waren nochmals rund 0,2 v.H. der Bevölkerung tätig, und in den letzten Abteilungen, die bis zu Ein-Mann-Betrieben hinunterreichten, nur wenig mehr. Man muß dieses Bild vor Augen haben, um die geringen Wirkmöglichkeiten industrieller Organisation und Technik noch um die Mitte des 19. Jahrhunderts zu begreifen.

Das *Wie* des großen Durchbruchs ist schwerer zu erklären. Es gab eine Reihe von Voraussetzungen und Bedingungen, die der Geschichtslehrer, der ein möglichst umfassendes Bild anstrebt, zunächst schlicht aufzählen und mit dem Material, das er in den Geschichtsbüchern reichlich findet, über das hier Gebrachte hinaus auffüllen sollte. Dabei empfiehlt sich etwa folgende Ordnung:

. *Die demographisch-natürlichen Faktoren.* Hierhin gehört (a) die sog. demographische Revolution des ausgehenden 18. und des beginnenden 19. Jahrhunderts (mit sinkender Sterblichkeit und wachsender Geburtlichkeit). Sie war Voraussetzung für die Entfaltung der Wirtschaft, doch warnt die Geschichte vor zu enger kausaler Verknüpfung. Man sollte sich (mit dem Bevölkerungstheoretiker Mackenroth[77]) begnügen, im Entwicklungsgang von Bevölkerung und Wirtschaft zwei Möglichkeiten zu unterscheiden: Bevölkerungsfreisetzung mit sinkender Durchschnittsproduktivität der Arbeit und Bevölkerungseingliederung mit wachsender Durchschnittsproduktivität. Als Beispiel für den ersten Fall kann das 16. und das ausgehende 18. Jahrhundert dienen, als Beispiel für den zweiten Fall die Zeit nach der Mitte des 19. Jahrhunderts. Ganz Ähnliches gilt (b) für den Naturfaktor (Boden und Bodenschätze, Verkehrslage, Klima). Wohl mag Mitteleuropa vor anderen Ländern

71

und Kontinenten bevorzugt erscheinen, doch erklärt dies nicht das Faktum des Durchbruchs zum Industrialismus.

Wichtiger erscheint (2.) die Gruppe der *technisch–wirtschaftlichen Faktoren*. Das sind (a) die Erfindungen und Verbesserungen in der Kraftgewinnung und Rohstoffverarbeitung, so insbesondere der Koksofen zur Eisen- und Stahlerzeugung (zuerst in Coalbrookdale bei Birmingham 1709), die durch Watt verbesserte Dampfmaschine (1764), die Spinnmaschine "Jenny" (1765), der mechanische Webstuhl (1786). Um die technischen Möglichkeiten zu nutzen, bedurfte es (b) menschlicher Arbeitskraft, an der es dank der Bevölkerungszunahme nicht fehlte (Ersatzkonstruktionen wie die Freisetzung von Landarbeitern in England durch die sog. Einhegungen erübrigen sich). Der (c) Kapitalbedarf der neuen Industrien war zunächst noch gering. Er wurde durch die Sparquoten im gewerblich-kommerziellen Sektor und in einigen Landschaften (England, Oberschlesien) auch durch reinvestierte Grundrenten gedeckt. Wichtiger als das potentielle Kapital war (d) die Investitionsneigung. Sie empfing starke Impulse aus innerwirtschaftlichen Bedingungen (sinkende Kosten, wachsende Märkte) und aus der soziokulturellen Umwelt.

3. Impulse aus dem sozio-kulturellen Raum. Nicht an Erwerbssinn fehlte es den vorindustriellen Unternehmern, wie u.a. Werner Sombart meinte, sondern an der Orientierung der Erwerbsabsichten an den Möglichkeiten, die die Be- und Verarbeitung von Kräften und Stoffen in großgewerblichem Rahmen boten. Zu dem (a) Wandel in der Richtung unternehmerischer Aktivitäten dürften entscheidend die Entfaltung der Naturwissenschaften und die aufkommende Technologie und im Hintergrund auch Aufklärung, rationale Philosophie und eine säkularisierte Ethik beigetragen haben. Hinzu kamen (b) Vorgänge im politischen Raum, wie die Abschaffung zünftlerischer und feudaler Privilegien, Gewerbefreiheit, Bauernbefreiungen, Übergang zu liberaler Handelspolitik und (in Deutschland) die Vereinigung größerer Wirtschaftsgebiete in Zollvereinen. Daneben fehlte es aber auch nicht an (c) positiver Förderung der Wirtschaft durch Staat und Gesellschaft, wobei etwa hinzuweisen wäre auf die Verbesserung der Infrastruktur der Wirtschaftsräume durch Wege- und Kanalbau und den Ausbau des Bildungswesens in den allgemeinbildenden wie in den speziell technischen Fächern

(Ecole Polytechnique in Paris 1795, Lehrstuhl für Technologie an der Berliner Universität 1832).

Will man noch weiter die Vielzahl der Ursachen, Bedingungen oder Voraussetzungen aufspalten, die im Abendland zur Überwindung des Pauperismus führten, so empfiehlt sich ein Blick auf ihre zeitliche Lagerung, um von dort her zu unterscheiden: (1) die sehr wichtige Gruppe der tradierten Kräfte und Wachstumsbedingungen, wozu das aus dem Mittelalter überkommene Städtewesen mit Bürgertum und breiter sozialer Mittelschicht, aus der die Mehrzahl der Unternehmer aufstieg, das Handwerk und der Handel gehören, insofern sie eine Art Vorfeld oder Übungsraum für die später voll entfalteten Aktivitäten abgaben, und (2) die additionellen Kräfte und Bedingungen, die seit etwa der Mitte des 18. Jahrhunderts hinzukamen, wie das schon genannte Bevölkerungswachstum, der technische Fortschritt, institutionelle Neuerungen und der Wandel in der Orientierung der unternehmerischen Aktivitäten. Man pflegt dem zuletzt genannten Faktor, dem psychischen, vielfach nur eine untergeordnete Rolle im Komplex der wirkenden Kräfte und Bedingungen zuzuweisen. Das geschieht recht willkürlich, und tatsächlich läßt sich Verbindliches über den entscheidenden Faktor auch kaum aussagen. Aber wenn das wesentlich Neue in der Ablösung des sog. Handelskapitalismus durch den sog. Industriekapitalismus gesehen wird, muß doch wohl die Neuorientierung der Unternehmer vorangestellt werden, obwohl auch sie natürlich noch von vielerlei Ursachen und Bedingungen abhängig war.

Aus dem Geflecht der *Entfaltung* des Industrialismus — mit seinen vielen sozialen und politischen, räumlichen, sachlichen und humanen Aspekten — seien nur einige Tendenzen der wirtschaftlichen Entwicklung und auch sie nur in knappen Zahlen vorgeführt[78]. Das Sozialprodukt wuchs in Deutschland real, d.h. nach Ausschaltung der Preisveränderungen, in der Zeit von 1872 — 1913 jährlich um 2,8 v.H., je Einwohner um 1,6 v.H.. Die Kriege brachten Unterbrechungen und größere Schwankungen. Zwischen 1913 und 1950 betrug (rein rechnerisch) die Wachstumsrate 0,5 v.H.. In den nächsten 15 Jahren (1950 — 1964) erreichte sie in der Bundesrepublik im Durchschnitt dieser Jahre 6,9 v.H., je Einwohner 5,9 v.H.. Das war wesentlich mehr, als jemals für einen langen Zeitraum in Deutschland ermittelt werden konnte.

Bei der Aufbringung des Sozialprodukts war die Landwirtschaft nebst Forstwirtschaft und Fischerei um die Mitte des 19. Jahrhunderts noch mit fast 50 v.H. beteiligt, in den Jahren vor dem ersten Weltkrieg mit 23 v.H. und seit den 50er Jahren unseres Jahrhunderts mit weniger als 10 v.H.. Industrie und Handwerk rückten an die erste Stelle; mit weitem Abstand, aber mit zum Teil noch schnelleren Wachstumsraten (Verkehr), folgten die übrigen Wirtschaftszweige. Darin spiegelt sich die "Industrialisierung" unserer Wirtschaft, die weiter auch noch in den Beschäftigtenzahlen, in den Veränderungen der Kapitalstruktur, den Wandlungen des Außenhandels und — für das Thema dieser Schrift besonders wichtig — in den Wachstumsraten der Arbeitsproduktivität zum Ausdruck kam. Vergleicht man die Zuwachsraten des Nettoinlandsproduktes mit der Zahl der Beschäftigten, so ergibt sich für die Zeit von 1870 – 1913 eine Zunahme der Arbeitsproduktivität (Produkt je Beschäftigten) um jährlich 1,5 v.H.; zieht man die Arbeitszeit zum Vergleich heran, so betrug die jährliche Zunahme der Arbeitsproduktivität (Produkt je Arbeitsstunde) 2,1 v.H.. In der Bundesrepublik betrugen die Raten im Zeitraum von 1950 – 1959 4,0 bzw. 4,7 v.H..

Damit sei nun auch diese Darstellung abgebrochen und nochmal an die beiden englischen Nationalökonomen, Robert Malthu (1766–1834) und David Ricardo (1772–1823) erinnert. Sie prophezeiten ihrem Zeitalter, und das war noch das vorindustrielle, ein düsteres Ende, wenn nicht der Bevölkerungszuwachs aufhöre oder das Kapital kräftig vermehrt werde. Sie meinten, daß die Preise der Agrarprodukte gegenüber den Preisen der gewerblichen Erzeugnisse steigen müßten, weil die Landwirtschaft unter anderen und schwierigeren Ertragsbedingungen als die Gewerbe arbeite. Das führe zu einem Anstieg der Grundrenten, während die Arbeitslöhne, die vom Ertrag der letzten Arbeitsstunde abhingen, nominal vielleicht noch steigen könnten, real dagegen, gemessen etwa in Getreidewerten, zu sinken tendierten.

Tatsächlich entsprachen die Preis– und Lohnlinien bis in die Zeiten der englischen Klassiker hinein recht genau solchen Vorstellungen oder Theorien. Alsdann aber verschoben sich die Reihen untereinander und wechselten die Richtung. Ein Bruch (Entwicklungs

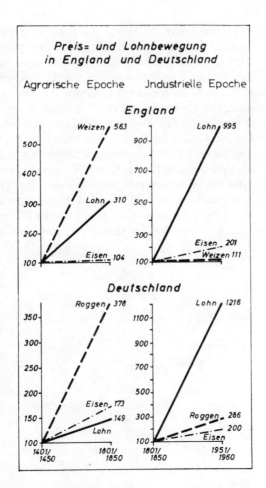

bruch) zeichnet sich in dem Material ab, das dem Historiker zur Verfügung steht. Er scheidet zwei Zeitalter voneinander.

Das sei abschließend noch in einem Diagramm vorgeführt (oben)[79]. Die Darstellung mag zwar bedenklich erscheinen, da sie nur auf wenigen Daten aufbaut, doch mag dies hingenommen werden, da nur Grundsätzliches noch einmal zu zeigen ist. Im Zeitalter der noch dominierenden Landwirtschaft stiegen die Weizenpreise in England auf mehr als das Fünffache, die Löhne auf das Dreifache, die Eisenpreise um 4 v.H., in Deutschland die Roggenpreise auf knapp das Vierfache, die Löhne um 50 v.H. und die Eisenpreise um etwa 70 v.H. Setzt man die Endpreise der agrarischen Periode als Anfangspreise der industriellen, so kehren sich die Scheren um: Die Löhne eilten nunmehr allen anderen Preisen weit voraus.

Die Ursachen dieses Umbruchs der Preis- und Lohnlinien brauchen jetzt nur noch angedeutet zu werden: Im Zeitalter der Industrien verlor die Landwirtschaft die ihr von den Klassikern der Nationalökonomie zugewiesene Funktion eines Lohnweisers und Preisregulators in der Volkswirtschaft. Die Gewerbe übernehmen die Führung. Sie lösten die Arbeitsentgelte aus der Fessel des "abnehmenden Bodenertragszuwachses" und ermöglichten die wachsende Produktivität der Arbeit, die dann auch – mit einigen Hilfen aus dem politischen Raum – den breiten Massen der Bevölkerung zugute kam.

Anmerkungen

1 H. Stein, Pauperismus und Assoziation, 1936, S. 14. Über die sehr umfängliche zeitgenössische Literatur zum Pauperismus berichten u.a. P. Mombert, Aus der Literatur über die soziale Frage und über die Arbeiterbewegung in Deutschland in der ersten Hälfte des 19. Jahrhunderts, in: Archiv für die Geschichte des Sozialismus und der Arbeiterbewegung, 9, 1921, S. 169 ff.; J. Kuczynski, Bürgerliche und halbfeudale Literatur aus den Jahren 1840–1847 zur Lage der Arbeiter. Mit einem bibliographischen Anhang von R. Hoppe, Berlin 1960; C. Jantke und D. Hilger, Die Eigentumslosen. Der deutsche Pauperismus und die Emanzipationskrise in Darstellungen und Deutungen der zeitgenössischen Literatur, Orbis Academicus 1969; W. Abel, Der Pauperismus in Deutschland. Eine Nachlese zu Literaturberichten in: Festschrift für F. Lütge 1966.
2 F. Engels, Die Lage der arbeitenden Klasse in England, 1845.
3 So lautet die Überschrift des 1. Kapitels einer Schrift, die eine Auswahl aus den Werken von Friedrich Engels brachte: G. Hillmann, Über die Umwelt der arbeitenden Klasse. Aus den Schriften von Friedrich Engels, 1970, 1. "Die vorindustrielle Harmonie zwischen Stadt und Land."
4 Die meisten Bilder und Materialien dieser Schrift sind den beiden Büchern des Verf. entnommen: Agrarkrisen und Agrarkonjunktur. Eine Geschichte der Land– und Ernährungswirtschaft Mitteleuropas seit dem hohen Mittelalter, 2. neu bearbeitete und erweiterte Auflage, 1966, sowie: Geschichte der deutschen Landwirtschaft vom frühen Mittelalter bis zum 19. Jahrhundert, in: Deutsche Agrargeschichte, hsg. v. G. Franz, II, 2. neu bearbeitete Auflage, 1967. Einiges wurde zusätzlich gebracht. Es stammt zum Teil aus dem preis– und lohngeschichtlichen Archiv des Instituts für Wirtschafts– und Sozialgeschichte der Universität Göttingen (Elsas–Archiv), zum anderen Teil aus Studien, die der Verf. demnächst in einem größeren Band unter dem Titel "Ernährungskrisen im vorindustriellen Zeitalter. Versuch einer Synopsis", vorzulegen hofft. Weitere Literatur anzugeben, fällt schwer, da viel weiter in die Geschichte zurückgegriffen wird, als es gemeinhin geschieht. Am nächsten kommt der Verf. dem Büchlein vielleicht noch die Aufsatzsammlung, die von F. A. Hayek herausgegeben wurde: Capitalism and the historians, 1954.
5 Hildebrands Rezension der Engels'schen Arbeit wurde wieder abgedruckt in: B. Hildebrand, Die Nationalökonomie der Gegenwart und Zukunft und andere gesammelte Schriften, in: Sammlung Waentig, 22, 1922.
6 Wie schon gesagt wurde, finden sich die Materialien zu den Bildern, die in diese Schrift eingingen, und zum Teil auch die Bilder selbst in den beiden oben genannten Büchern des Verfassers. Es wird darum auf Quellenangaben verzichtet. Auch auf die Methodik und Problematik der Berechnungen kann hier aus Raumgründen nicht eingegangen werden.
7 Der Pauperismus und dessen Bekämpfung durch eine bessere Regelung der Arbeitsverhältnisse, in: Deutsche Vierteljahrsschrift, 1844, S. 315 f.

8 F.W. Schubert, Statistische Beurteilung und Vergleichung einiger früherer Zustände und der Gegenwart für die Provinz Preußen, mit besonderer Berücksichtigung des jetzigen Notstandes dieser Provinz, in: Zeitschrift des Vereins für deutsche Statistik, I, 1847, S. 30. Die Tabelle der Geburten und Sterbefälle in Preußen findet sich bei I. G. Hoffmann, Die Bevölkerung des Preußischen Staates, Berlin 1839, S. 50 f.

9 B. Hildebrand, Die Nationalökonomie der Gegenwart und Zukunft, 1848, hier zitiert nach der Ausgabe 1922, S. 143. Ähnlich urteilten viele andere Schriftsteller der Zeit, so u.a. auch der in der Anmerkung 6) zitierte I. G. Hoffmann, Direktor des Statistischen Büros in Berlin.

10 K. Heinzen, Die Preußische Bureaukratie, Darmstadt 1845, S. 189 ff.

11 Veröffentlicht in der Deutschen Vierteljahrsschrift, 1850, 4, S. 182 f.

12 L. Gall, Was könnte helfen? Immerwährende Getraidelagerung, um jeder Noth des Mangels und des Überflusses auf immer zu begegnen . . . . Trier 1825, S. 7 f.

13 E. Engel, Die vorherrschenden Gewerbszweige in den Gerichtsämtern mit Beziehung auf die Productions- und Consumtionsverhältnisse des Königreichs Sachsen, in: Zeitschrift des Statistischen Bureaus des Königl. Sächs. Ministeriums des Innern, 1857, S. 157.

14 So lautet der Satz in der ersten Fassung, die sich in dem oben angegebenen Aufsatz Engels vom Jahre 1857, S. 169, findet.

15 Über die Wüstungen des Spätmittelalters unterrichtet neben vielen anderen Autoren: W. Abel, Die Wüstungen des ausgehenden Mittelalters, 2. Aufl. Stuttgart 1955, in: Quellen und Forschungen zur Agrargeschichte, hsg. v. F. Lütge, G. Franz, W. Abel, I.

16 Neben den Lebensmitteln wurden im Einholkorb dieser fünfköpfigen Arbeiterfamilie im 16. Jahrhundert noch aufgenommen: 10 Fuder Brennholz, 10 m Textilien (Leinwand), 40 kg Salz und als Abgeltung für "Sonstiges" 5 kg Kerzen. Die Aufnahmen mußten sich auf diejenigen Güter beschränken, für die Preise vorliegen. Da dies für die Mieten nicht der Fall ist, mußten sie ausgelassen werden. Es handelt sich mithin bei solchem Anschlag um die Untergrenze eines Mindestbedarfes, und dies auch bei den Lebensmitteln, die mit 250 kg Brotgetreide, 27 kg Erbsen, 10 kg Butter und 20 kg Fleisch je Kopf und Jahr der Familie angesetzt wurden. Das entspricht 2240 Kalorien je Tag und Person.

17 E. Woehlkens, Pest und Ruhr im 16. Jahrhundert. Grundlagen einer statistisch-topographischen Beschreibung der großen Seuchen, insbesondere in der Stadt Uelzen, in: Schriften des Niedersächs. Heimatbundes, N.F. 26, 1954.

18 F. Stoy, zit. nach W. Abel, Geschichte der Deutschen Landwirtschaft..., 2. Aufl., 1967, S. 189. Hier finden sich noch weitere Belege für die Breite der städtischen Unterschichten schon im 16. Jahrhundert.

19 Mylius Corpus Constitutionum Marchicarum, V. Teil, V. Abt.

20 Ch. E. Stangeland, Pre–Malthusian doctrines of population, in: Studies in Hist., Econ. and Public Law, Columbia Univ., XXI, 3, 1904, S. 105 ff.

21 Le Roy Ladurie, Les Paysans de Languedoc, Paris 1966, S. 544 f.

22 In Belgien (heutigen Gebietsstandes) dürfte sich die Bevölkerung von der Zeit ihres Höchststandes im 17. Jahrhundert bis zum Jahre 1714/15 von etwa zwei Millionen auf 1,75 Millionen verringert haben (Mols). In den Niederlanden (heutigen Besitzstandes) zeigten neuere Untersuchungen, daß die

Bevölkerung, die sich zwischen 1500 und 1650 etwa verdoppelt hatte, zwischen 1650 und 1750 nur noch von etwa 1,88 Millionen auf etwa 1,95 Millionen wuchs (Slicher van Bath und Mitarbeiter, 1965). In Polen soll sich die Bevölkerung des Landes von der Mitte des 17. bis zur zweiten Hälfte des 18. Jahrhunderts um ein Drittel bis zur Hälfte verringert haben (Topolski u.a.). Auch in Italien stockte die Bevölkerungszunahme, wie schon vor längerer Zeit Beloch vermutet hatte. Neuere Ermittlungen zeigen, daß in Pavia die Lebenserwartung der Stadtbewohner von rund 30 Jahren im Jahrzehnt 1600/10 auf 26 Jahre im Jahrzehnt 1620/30 und auf 23 Jahre um das Jahr 1675 sank. (Le Roy Ladurie, a.a.O., S. 555, W. Abel, Agrarkrisen und Agrarkonjunktur ..., 2. Aufl. 1966, S. 178 ff.)

23 W. Abel, Agrarkrisen und Agrarkonjunktur ..., S. 152 ff. Weitere Nachrichten über das Ausland ebenda und über Deutschland noch in W. Abel Geschichte der Deutschen Landwirtschaft ..., 2. Aufl., 1967, S. 261 ff.

24 Für Deutschland jetzt: Deutsche Agrargeschichte, hsg. von G. Franz, 5 Bde., davon der 2. Bd. Wirtschaftsgeschichte des Landbaus (W. Abel) und der 3. Bd. Geschichte der deutschen Agrarverfassung (F. Lütge).

25 Von thüwre und hunger dry Predigen ..., von Ludwig Lavater, Zürich, 1571.

26 Die Preise wurden Sammlungen entnommen, die hier nicht im einzelnen aufgeführt werden können. Sie sind – nach dem Stand vom Jahre 1965 – in einer "Dokumentation der Sammlungen zur Preis- und Lohngeschichte Mitteleuropas" enthalten, die sich in meinem Buch über "Agrarkrisen und Agrarkonjunktur ...", 2. Aufl., 1966, S. 291 f. befindet. Der Raum um Moskau konnte in der Graphik nicht mit aufgenommen werden. Darum sei nachgetragen, daß dort in den Jahren 1570/71 die Getreidepreise auf mehr als das Neunfache der Preise um das Jahr 1565 stiegen (A. G. Mankov, Le mouvement des prix dans l'état Russe du XVIe siécle, in: École Pratique des Hautes Etudes, VI, Oeuvres trangeres III, 1957, S. 36 f.)

27 Bereits im Jahre 1574 passierten wieder über 80 000 t (zu je 1000 kg) Danziger Getreide den Sund auf dem Weg nach den Niederlanden und weiter bis nach Spanien und Portugal. Zwei Jahrzehnte später (1591) aßen selbst die Italiener noch Brot, das aus Weizen hergestellt war, der im Weichselraum gewachsen war (F.Braudel, La Méditerranée et le Monde Méditerraneen a l'Epoque de Philippe II. sec. ed. I, S. 543 ff. Über die Getreideeinkäufe der Italiener in Danzig finden sich Nachrichten auch in Danziger Archivalien: Danziger Inventar 1531–1591, bearb. v. P. Simson, 1913, Nr. 10060, 10106, 10133, 10163, 10181, 10369).

28 Die Nachrichten wurden von Elsas und Mitarbeitern zusammengetragen und für Augsburg bereits veröffentlicht (M. J. Elsas, Umriß einer Geschichte der Preise und Löhne in Deutschland ..., I, 1936, passim); das Hamburger Material wird mit noch anderen preis- und lohngeschichtlichen Nachrichten im Elsas–Archiv des Instituts für Wirtschafts- und Sozialgeschichte der Universität Göttingen aufbewahrt.

29 Von thüwre und hunger dry Predigen ..., 1571, S. 17 v.

30 Barnabas Holzmann, Maler und Bürger zu Augsburg. Das Gedicht wurde in längeren Auszügen und mit einer Einleitung versehen von M. Radlkofer in der Zeitschr. d. Hist. Vereins f. Schwaben und Neuburg, 19, Augsburg 1892, S. 45 ff. herausgegeben.

31 "Jetzt nit" gleich jetzt

32 "Zerflen", Hadern

33 "Rodler", Polizei, Soldaten
34 wo sie darauf stießen
35 Vermutlich Stecken
36 Von den Landesherren zu sprechen, wäre zumeist noch verfrüht. Wohl entstanden gerade in den Notjahren zahlreiche Getreidemarkt–, Magazin- oder ähnlich benannte Ordnungen, doch beschränkten sich diese Ordnungen ganz überwiegend auf schlichte Weisungen (Verbote der Ausfuhr, des Vorkaufs von Getreide, der Überschreitung gesetzter Preise etc.). Überdies müssen diese Ordnungen noch in einem anderen Zusammenhang gesehen werden. Sie waren geeignet und sicher auch in vielen Fällen dazu bestimmt, landesherrliche Autorität zu stärken. Ein Musterbeispiel für solche Intentionen bietet die französische Getreidegesetzgebung der Jahre 1571 und 1573. Sie bestimmte u.a., daß das bisher nur gelegentlich ausgesprochene Vorrecht des Königs, die Getreideausfuhr in das Ausland zu erlauben, ausschließlich und definitiv ein königliches Recht sei: "est droict Royale et domanial de nostre couronne" (A. Fontanon, Les Edicts et Ordonnances des Roys de France ..., I, 2nd éd., Paris 1585,-S. 770 ff).
37 Ein Beispiel, das unlängst ans Licht gezogen wurde, bietet in Nürnberg die Armenspeisung des Heilig–Kreuzspitals. Allein in der Karwoche 1571 wurden an etwa 24500 Personen Brot, Eier und Bier abgegeben (H. Freih. Haller von Hallerstein u. E. Eichhorn, Das Pilgrimspital zum Heiligen Kreuz vor Nürnberg, 1969, Selbstverlag des Vereins f. Geschichte der Stadt Nürnberg)
38 Radlkofer in der Einleitung zu dem o.a. Gedicht S. 51
39 A. Jegel, Ernährungsfürsorge des Altnürnberger Rates, in: Mitt. d. Vereins f. Gesch. d. Stadt Nürnberg, 37, 1940, S. 119 f; dazu jetzt noch R. Endres, Zur wirtschaftlichen u. sozialen Lage in Franken vor dem Dreißigjährigen Krieg, in: Jb. f. Fränk. Landesforsch., 28, 1968, S. 32
40 Endres, a.a.O., S. 32
41 Hans Stark, Chronika, die löbliche Reichsstadt Nürnberg betreffend, um 1600, hier zit. n. W. Jungkunz, Die Sterblichkeit in Nürnberg 1714 – 1850, Diss. med. Erlangen 1951, S. 16
42 Erinnerungsbuch eines Augsburger Bürgers, aus dem Radlkofer a.a.O. diese Zahlen mitteilte.
43 S. Weber, Stadt und Amt Stuttgart zur Zeit des Dreißigjährigen Krieges, Bevölkerungsbewegung und Finanzen, Tübinger Diss. 1936, S. 7
44 P. H. Mair (1517–1579), hier zit. nach M. Radlkofer, a.a.O., S. 45 f.
45 Johann Binhard, Neue vollkommene Thüringische Chronica ..., Leipzig 1913, S. 181
46 Belege, auch solche quantitativer Art, wurden an anderer Stelle vorgeführt (W. Abel, Geschichte der deutschen Landwirtschaft vom frühen Mittelalter bis zum 19. Jahrhundert, in: Deutsche Agrargeschichte, hsg. v. G. Franz, II, 2. Aufl., 1967, S. 193, 211 f.) Es sei nur ergänzend noch bemerkt, daß die bäuerlichen Unruhen am Ende des 16. Jhs. in Oberösterreich nicht zuletzt auf das Vorkaufsrecht der Grundherren zurückgingen. Die Bauern beschwerten sich u.a. darüber, daß sie die Erzeugnisse ihrer Wirtschaft weit unter Marktpreis an ihre Herren zu verkaufen gezwungen wären (G. Grüll, Der Bauer im Lande Ob der Enns am Ausgang des 16. Jhs., in: Forsch. z. Gesch. Oberösterreichs, hsg. v. Oberöst. Landesarchiv, 1966, S. 119 ff.).
47 R. Bosch, Der Kornhandel der Nord–, Ost–, Innerschweiz und der

ennetbirgischen Vogteien im 15. u. 16. Jh., Diss. Zürich 1912/13, S. 19

48 H.–G. von Rundstedt, Die Regelung des Getreidehandels in den Städten Südwestdeutschlands und der deutschen Schweiz im späteren Mittelalter und dem Beginn der Neuzeit, in: 19. Beih. z. Viertelj.schrift f. Soz. u. Wirtsch. geschichte, 1930, S. 40 ff.

49 J. Fettel, Die Getreide– und Brotversorgung der Freien Reichsstadt Eßlingen von 1350 – 1802, in: Tübinger Wirtschaftswiss. Abh. III, 9, 1930, S. 109

50 I. Richarz, Herrschaftliche Haushalte in vorindustrieller Zeit unter besondere Berücksichtigung des Weserraumes, Diss. Göttingen 1969, Manuskript S. 74. Im gedruckten Exemplar der Arbeit (veröff. unter dem gleichen Titel in: Beiträge zur Ökonomie von Haushalt und Verbrauch, 6, hsg. v. E. Egner) wurden diese Zahlen nicht mit aufgenommen.

51 Ausführlich dargestellt von A. Skalweit: Die Getreidehandelspolitik und Kriegsmagazinverwaltung Preußens 1756 – 1806, in: Acta Borussica, Getreidehandelspolitik, IV, 1931.

52 Hier zit. n. C. Langer, Die Hungerjahre 1771 und 1772 nach zeitgenössischen Quellen, in: Sächs. Heimatbl., 9, 1963, S. 360 ff.

53 F.J. Arand, Abhandlung von drei Krankheiten unter dem Volke im Jahre 1771 und 1772 . . . Göttingen, Im Verlag der Witwe Vandenhoek, 1773.

54 Acta Borussica, Getreidehandelspolitik IV, S. 135

55 E. Weinzierl–Fischer, Die Bekämpfung der Hungersnot in Böhmen 1770–1772 durch Maria Theresia und Joseph II., in: Mitt. d. Öster. Staatsarchivs, VII, 1954, S. 486.

56 Beschreibung des in vielen Orten des teutschen Reichs annoch fortwährenden ganz außerordentlichen Theuerungszustandes . . ., gedruckt im Monat May im Jahr Christi 1771, o.O., S. 4 ff.

57 Die Angaben finden sich in den Belegen zu den Kämmereiregistern 1771/72, Abrechnungen über Kornkäufe u.a.m., im Göttinger Stadtarchiv.

58 Stadtarchiv Göttingen, Landwirtschaft, Fruchtsachen, Akte Korn-Handlungsgesellschaft im Fürstentum Göttingen, 1771, Nr. 29 sowie die Akte Teuerung und Kornmangel 1771, Nr. 30

59 Über die gegenwärtige Theuerung der Brodtfrüchte und anderer Lebens–Mittel, ihre Ursachen und die Mittel ihrer Abwendung und künftigen Verhütung, Ulm 1817, S. 57

60 Hier zit. nach D. Bayer, Die Hungerjahre 1816 und 1817 in Württemberg und Baden, in: Schriftenreihe d. Deutschen Brotmuseums e.V., Ulm/Donau, 5, 1966, S. 58

61 Chronik des Pfarrers Philipp Scherer, Manuskript im Stadtarchiv Lorch im Rheingau, S. 270 ff.

62 A. Heßler, Entwicklung des Nürnberger Wirtschaftslebens von der Einverleibung in Bayern bis zum deutschen Zollverein (1806–1834), Diss. phil. Erlangen 1927, S. 37 f.

63 J. Kuczynski, Studien zur Geschichte der zyklischen Überproduktionskrisen in Deutschland 1825–1866, in: Die Geschichte der Lage der Arbeiter unter dem Kapitalismus, I, 11, 1961, S. 28

64 Die Graphik wurde einem Buch E. Wagemanns entnommen: Konjunkturlehre, 1928, S. 28.

65 Besondere Verdienste um die Erforschung dieser Krisen erwarb Ernest Labrousse, Esquisse du mouvement des prix et des revenus en France au 18^e

siècle, 1933, ders., La crise de L'Économie francaise à la fin de l'Ancien régime et au début de la Révolution, 1944. Zur Würdigung des Werkes von Labrousse und anderen, die ihm folgten, S. Landes, The Statistical study of French crises, in: The Journal of Econ. Hist., X, 1950, S. 195 f.

66 W. Roscher, Über Kornhandel und Theuerungspolitik, hier zit. n. der 3. Aufl. von 1852, S. 160 ff.

67 Eine nützliche Zusammenstellung der zeitgenössischen Literatur findet sich in Kaiser's Bücherlexikon, Sachregister und Autorenverzeichnis 1750–1832.

68 G. H. Heinse, Geist und Critik der neuesten über die Theuerung der ersten Lebensbedürfnisse erschienenen Schriften ..., Zeitz, 1806

69 Eine Zusammenstellung dieser älteren deutschen Sammlungen von Getreidepreisen findet sich bei W. Abel, Agrarkrisen und Agrarkonjunktur ..., 2. Aufl.. 1966, S. 295 ff.

70 H.L.M. Barckhausen, Die Polizey des Getreydehandels, Halle 1804

71 W.L. Bucher, Über die jetzige Theuerung des Getreides mit besonderer Anwendung auf die preußischen sächsischen Staaten, Gotha 1805.

72 Ein von Brown und Hopkins berechneter Index der Kaufkraft südenglischer Bauarbeiterlöhne fiel von 100 im Durchschnitt der Jahre 1740/49 in den nächsten Jahrzehnten über 96, 87, 84, 88, 82 auf 66 v.H. im Durchschnitt der Jahre 1800/09, um dann wieder über 77, 99, 105 auf 107 im Durchschnitt der Jahre 1840/49 zu steigen (E.H. P. Brown und S.V. Hopkins, Seven centuries of building wages, in: Economica, XII, 87, 1955, S. 195 ff.)

73 A.L. Dunham, Industrial life and labor in France 1815–1848, in: The Journal of Econ. Hist., III, 1943, S. 117 f.

74 Friedrich List's Ausführungen sollen sich im Jahrgang 1844 der "Allgemeinen Zeitung" finden; hier wurden sie zitiert nach K. Hintze, Geographie und Geschichte der Ernährung, 1934, S. 102. Die übrigen Zitate finden sich belegt in den schon angeführten Büchern des Verfassers und dem Lehrbuch der Agrarpolitik: W. Abel, Agrarpolitik, 3. Aufl., 1967, S. 357 ff.

75 F. B. Weber, Theoretisch–Practisches Handbuch der größeren Viehzucht, 1810. Weitere Nachrichten bei W.Abel, Die Lage in der deutschen Land- und Ernährungswirtschaft um 1800, in: Jahrbücher für Nationalökonomie und Statistik, 175, 1963, S. 319 ff.

76 Grundsätze der Volkswirtschaft und Besteuerung, hier zitiert nach der Ausgabe Waentig, 1923, S. 88. Die erste Ausgabe der Principles erschien 1817.

77 G. Mackenroth, Bevölkerungslehre, 1953.

78 Für Deutschland stellten W. G. Hoffmann und Mitarbeiter die wichtigsten Daten zusammen: Das Wachstum der deutschen Wirtschaft seit der Mitte des 19. Jahrhunderts, 1965. Eine Kurzfassung dieser und anderer Nachrichten, die sich auch für didaktische Zwecke gut eignet, brachte K. Borchardt, Grundriß der deutschen Wirtschaftsgeschichte, in: Kompendium der Volkswirtschaftslehre, Bd.1, 2. Abschnitt: Tendenzen der wirtschl. Entwicklung in den letzten hundert Jahren, S. 383 ff. Eine Interpretation der Hoffmann'schen Zahlen von wachstumstheoretischen Ansätzen her, die eine willkommene Brücke zwischen Theorie und Historie schlägt, findet sich bei D.André, Indikatoren des technischen Fortschritts. Eine Analyse der Wirtschaftsentwicklung in Deutschland von 1850 bis 1913, in: Weltwirt-

schaftliche Studien aus dem Inst. f. Europ. Wirtschaftspol. der Univ. Hamburg, 16, 1971.
79 Das Bild wurde wie die Mehrzahl der anderen Bilder entnommen W. Abel, Agrarkrisen und Agrarkonjunktur..., 2. Aufl. 1966, S. 268

Kleine Vandenhoeck-Reihe

Wilhelm Abel · Stufen der Ernährung
Eine historische Skizze. 1981. 78 Seiten, mehrere Tabellen und Schaubilder, kartoniert. Band 1467

Heide Wunder · Die bäuerliche Gemeinde in Deutschland
1986. 187 Seiten, kartoniert. Band 1483

Wolfram Fischer · Armut in der Geschichte
Erscheinungsformen und Lösungsversuche der „Sozialen Frage" in Europa seit dem Mittelalter. 1982. 143 Seiten, kartoniert. Band 1476

Peter Kriedte · Spätfeudalismus und Handelskapital
Grundlinien der europäischen Wirtschaftsgeschichte vom 16. bis zum Ausgang des 18. Jahrhunderts. 1980. 223 Seiten, 45 Tabellen, 30 Abbildungen, kartoniert. Band 1459

Florian Tennstedt
Sozialgeschichte der Sozialpolitik in Deutschland
Vom 18. Jahrhundert bis zum Ersten Weltkrieg. 1981. 240 Seiten, kartoniert. Band 1472

Dirk Blasius · Kriminalität und Alltag
Zur Konfliktgeschichte des Alltagslebens im 19. Jahrhundert. 1978. 95 Seiten, kartoniert. Band 1448

Jürgen Kocka · Sozialgeschichte
Begriff – Entwicklung – Probleme. 2., erweiterte Auflage 1986. II, 246 Seiten, kartoniert. Band 1434

Vandenhoeck & Ruprecht · Göttingen/Zürich